K-하브루타

창의력부터 사고력까지 아이의 공부머리가 바뀌는

K-하브루타

김정진 지음

쌤앤파커스

질문과 생각을 나누는
지혜의 숲

— 이어령(교수, 전 문화부 장관)

질문은 인류를 진화시킨 힘입니다. '왜?'라는 궁금함이 새로운 발견과 발명을 낳았습니다. 질문이 새로운 생각을 낳은 것이지요. 질문을 시작하면 아이는 생각을 시작하고, 질문이 꼬리에 꼬리를 물면 생각하는 아이가 탄생합니다. 질문과 생각을 나누면 그것이 바로 지혜가 됩니다.

지식의 시대가 가고 지혜의 시대가 왔습니다. 지혜톡톡 앱을 이용한 K-하브루타는 좌뇌의 질문과 우뇌의 이미지를 융합하여 사람과 사람이 새로운 지혜를 나누는 데 큰 도움이 됩니다.

부모와 아이가, 선생님과 학생이, 친구와 친구가 만나서 지혜톡톡 앱으로 생각을 나누고 새로운 지혜를 만드는 흐뭇한 모습을 떠올려 봅니다. 지혜톡톡 앱과 K-하브루타 자녀교육서를 감수하고 추천합니다.

| 차례 |

한국형 하브루타!
아이를 위한 최고의 선물

언택트 시대, 가정이 교실이다

지금 인류는 새로운 두 가지 흐름에 진입했다. 바로 포스트 코로나와 AI(인공지능)이다. 2020년 세계를 휩쓴 감염병 코로나19는 AI 시대를 급속히 끌어당겼다. 그리고 세상을 언택트(비대면) 사회로 바꿔놓았다. 21세기는 코로나19 이전과 이후로 나뉠 것이다. 인류는 그야말로 역사의 대전환기를 맞고 있다.

역사를 돌아보면 이러한 전환기를 돌파하는 힘은 항상 교육에서 나왔다. 선구적인 국가 지도자와 부모는 패러다임을 완전히 깨뜨린 전혀 새로운 교육을 아이들에게 제공했다. 그러한 교육이 이루어진 국가와 아이들은 시대의 흐름을 타고 눈부신 혜택을 누렸다.

이토록 중요한 시기에 한국의 교육은 어떠한가? 아직도 모든 아이들을 똑같은 붕어빵으로 찍어내는 주입식 교육이 대세를 이루고 있다. 모든 부모가 '이건 아니다!'라고 하는데도 변화가 쉽지 않다. 교육학자로서 많은 고민을 해오던 나도 '학교는 어쩔 수 없다!' 하고 손을 들고 말았다. 그렇다면 대안은 무엇인가? 바로 각자의 가정이다. 결국 이런 결론에 다다르게 되었다.

절묘하게도 코로나19로 인해 모든 부모가 가정에서의 교육을 진지하게 생각하게 되었다. 학교 수업이 집에서 이러닝, 줌 등을 이용하는 비대면 원격 수업으로 대체되고 있기 때문이다.

학교에 위탁되었던 자녀 교육이 급작스레 가정으로 복귀했다. 부모들은 오랫동안 잊고 있던 '아이의 첫 선생님' 역할을 다시금 부여받았다. 싫든 좋든, 모든 가정에서 부모가 아이의 학습을 지도하거나 최소한 아이의 학습 과정을 가까이서 지켜보는 시간이 늘어났다. 그러면서 부모들은 교육에 대한 근본적인 질문을 던지기 시작했다.

- 가정에서 부모의 역할은 무엇인가?
- 코로나19 이후 더 강력한 바이러스가 오면 어떻게 될까?
- AI 시대에는 무슨 교육이 필요할까?
- 교육은 이제 어떻게 진화할 것인가?

그리고 우리는 다섯 가지 진실을 발견하게 되었다.

첫째, 포스트 코로나 시대는 집이 학교가 될 수 있다는 것!
둘째, 자녀 교육에서 부모의 역할이 더욱 중요해진다는 것!
셋째, 제2의 코로나가 언제든 다시 올 수 있다는 것!

넷째, 코로나19로 인해 AI의 확산 속도가 더 빨라진다는 것!

다섯째, AI 시대에 중요한 것은 지식 교육이 아니라 지혜 교육이라는 것!

세계가 인정한 최고의 공부법, 하브루타

국가와 민족의 흥망이 결정되는 순간에 가장 중요한 역할을 맡은 것은 늘 교육이었다. 이는 역사가 증명해왔다.

기원전 63년으로 가보자! 세계 최강대국 로마가 이스라엘을 정복하고 그 땅에 살던 유대인들을 강제 이주시켰다. 유대인들은 세계 곳곳으로 흩어졌다. 낯선 곳에 정착해야 했던 유대인들은 특유의 상인 기질로 돈을 긁어모으기 시작했다. 현지인들의 불만이 점점 높아졌고, 급기야 '유대인 재산 상속 금지법'을 만들어 유대인의 재산 상속을 원천적으로 막아버렸다. 유대인들은 고민하기 시작했다.

'이제 우리 아이에게 무엇을 물려줄 것인가?'

유대인이 위대한 유산으로 선택한 것은 밥상머리교육, 즉 하브루타였다. 유대인의 하브루타는 부모와 아이가 질문을 기반으로 끊임없이 대화와 토론을 하는 것이다. 유대인들은 하브루타를 통해 삶의 지혜를 전수하고, 그들의 고유한 언어와 정체성을 지켰다. 그 결과 1948년 2,000년간 세계를 떠돌던 유대인들은 나라를 다시 찾게 되었다. 2,000년 전에 망한 고조선의 후예들이 여기저기 흩어져 살다가 1948년 한반도에 들어와 다시 나라를 세웠다고 생각해보라. 참으로 놀라운 일

아닌가!

유대인의 하브루타는 최고의 공부법이다. 미국의 행동과학연구소는 가장 효과적인 공부법을 밝혀내기 위해 실험을 했다. 가장 흔히 쓰는 공부 방법 7가지(강의 듣기, 읽기, 이러닝, 시범 강의, 집단 토론, 체험, 서로 설명하기)로 각각 공부 그룹을 만들고 학생들로 하여금 동일한 지식을 공부하게 했다. 하루가 지나서 시험을 보았는데 100점 중에 5점을 받아 가장 효율성이 낮은 공부법으로 밝혀진 것은 '주입식 강의 듣기'였다. 90점으로 최고 점수를 받은 가장 효과적인 공부법은 '서로 설명하기'였다. 유대인이 하브루타로 날마다 경험하는 방식이다. 가족끼리 질문하고 대화하는 유대인의 하브루타가 최고의 공부법이라는 것이다.

하브루타가 일상화된 유대인은 전 세계 부와 권력을 장악하고 있다. 세계 10대 부자 중에 8명이 유대인이며, 세계 500대 기업 CEO의 41.5%가 유대인이다. 그뿐만이 아니다. 유대인은 그동안 전체 노벨상의 23% 이상(230개 수상)을 휩쓸었다. 고작 1,400만 명의 인구로 하버드대학교 재학생 30% 이상을 차지하고, 교수는 무려 40% 이상이다. 유대인들은 그 비결을 하브루타로 꼽고 있다. 유대인의 하브루타는 체계적인 공부 방법과 교재가 있다. 방법은 질문식 대화법이고, 교재는 탈무드와 토라(구약성경)이다. 덕분에 모든 유대인은 날마다 가정에서 모두가 같은 방식으로 하브루타를 하고 있다. 그렇게 자라난 아이들이 교사가 되어 또다시 하브루타로 학생을 가르친다.

한국 아이들이 금방 잊어버릴 지식을 달달 외우는 시간에 유대인 아이들은 질문하고 대화하고 토론하며 그 근원을 찾는다. 대화하고 토론하는 과정에서 남과 다른 자기만의 생각을 말하는 습관을 들인다. 그러한 습관은 비판적 사고력으로 연결되고, 창의력을 폭발시킨다. 유대인이 받은 노벨상 230개는 거기서 나왔다. 한국은 노벨상을 애타게 기다리고 있는데, 학교 수업을 질문을 기반으로 하는 대화와 토론으로 바꾸면 해결될 것이다. 하지만 당분간 가능성이 없어 보인다. 어느 누구도 제 손으로 뜨거운 감자인 '교육개혁'을 잡지 않으려 한다. 대안은 결국 집이 될 수밖에 없다. 내가 한국형 하브루타를 개발하고, 확산 운동을 하고 있는 이유다.

수능을 쓰레기통에 던진 일본

이번에는 1854년 일본으로 가보자! 그해 일본은 미국에 강제 개항을 당했다. 당시 총리였던 이토 히로부미는 인류가 농경 시대에서 산업화 시대로 넘어가고 있음을 직감했다. 그는 전국 곳곳에 서양식 학교를 5만 개 이상 세우고, 주입식 교육을 도입했다. 매뉴얼에 따라 기계를 제작하고 운용하는 데 최적화된 인력과 기계처럼 명령을 따르는 군인들이 착착 만들어졌다. 일본은 그 힘으로 러일전쟁과 청일전쟁에 승리할 수 있었다. 태평양전쟁을 일으키고 미국에 핵폭탄 2개를 맞은 후 항복을 선언하고 패전국이 되었지만, 주입식 교육으로 산업화 시대의 주인공이 될 수 있었다.

그리고 세월이 흘러 2013년, 일본의 총리가 된 아베는 산업화 시대가 끝나고 AI 시대가 왔음을 깨달았다. 그는 이토 히로부미 이후 150

여 년 만에 교육 대개혁을 선언했다.

'현행 대입 시험(수능)을 폐지하고,
2020년에는 국제 바칼로레아를 도입한다!'

일본은 교육을 근본적으로 바꾸려면 대학 입시를 바꿔야 한다는 것을 꿰뚫고 있었다. 7년 동안 교육 개혁을 착실히 밀어붙인 결과, 일본은 2020년부터 국제 바칼로레아로 대입 시험을 치르게 되었다. 일본은 20세기에 요긴하게 써먹었던 주입식 교육을 과감하게 쓰레기통에 던져버린 것이다.

이제 일본의 교실에서는 학생들이 질문을 기반으로 대화와 토론을 한다. '대화의 장'으로 바뀐 교실에서 교사는 지식을 일방적으로 가르치지 않고, 학생들이 서로 협력하며 지혜를 얻도록 도와준다. 국제 바칼로레아 시험은 객관식이 없다. 시험에는 '행복의 조건은 무엇일까?'와 같은 인문학적 문제가 나온다. 평소에 책을 많이 읽어 생각이 깊고, 대화와 토론을 많이 해본 학생이 높은 성적을 받을 수 있는 시험이다. 어떤가? 일본이 부러우면서 무섭지 않은가?

한국의 수능 시험은 일본의 대학 입시를 벤치마킹한 것이다. 그럼 이제 한국의 수능은 어떻게 될까? 향후 몇 년 안에 쓰레기통으로 갈 것이다. 왜 우리는 일본보다 앞서가지 못하고 뒤만 쫓아다니는가! 일본보다 산업화가 늦었다고 AI 시대도 늦어서야 되겠는가! 답답한 노릇이다.

하버드대학교보다 인기 높은 미네르바 스쿨의 비결

포스트 코로나 시대는 비대면이 일상화된다. 사람이 비는 공간은 AI가 채운다. 벌써 신입사원의 AI면접이 보편화되었다. 특히 한국은 로봇 밀집도가 세계 1위이기 때문에 AI가 빛의 속도로 확산되고 있다. 그러나 한국은 AI 시대를 선도하는 퍼스트 무버가 아니라, 쫓아가는 패스트 팔로우이다. 어떻게 해야 AI 시대라는 거대한 흐름을 주도하며 앞서갈 수 있을까? 해법은 지금까지와는 전혀 다른, 새로운 교육에 있다.

2014년, 미국에 아주 독특한 대학이 문을 열었다. 이름은 미네르바 스쿨! 코로나19를 미리 내다본 것일까? 미네르바 스쿨의 수업은 모두 온라인 강의로 진행된다. 다만 수업 방식은 100% 토론식이다. 온라인으로 교수에게 강의를 듣고 온라인으로 토론한다. 수업이 끝나면 친구들과 치열한 토론을 이어간다. 학생들은 6개월마다 새로운 나라에 가서 생활하며, 4년 동안 7개국을 돌아다닌다. 이처럼 혁신적인 교육을 실시한 미네르바 스쿨은 단숨에 신흥 명문으로 떠올랐다. 미네르바 스쿨과 하버드대학교에 동시 합격하면 다수의 학생들이 미네르바 스쿨을 선택할 정도라고 한다. 2018년 처음으로 한국 학생이 입학했는데 최근 인터뷰를 통해 미네르바 스쿨에서 핵심적으로 배우는 것을 세 가지로 요약했다. 그것은 바로 '생각하기, 글쓰기, 토론하기'다. 특별한가? 특별하지 않은가?

세상에서 가장 비밀스러운 학교
: 일론 머스크의 애드 아스트라

2014년, 세계 1위 전기차를 만드는 테슬라 창업자 일론 머스크는 '지금 학교는 미래에 필요한 것을 전혀 가르치지 않는다'면서, 다섯 자녀를 유명 사립학교에서 자퇴시켰다. 그리고 자녀들을 위해 세상에서 가장 비밀스러운 사립학교 '애드 아스트라'를 만들었다. 애드 아스트라의 모토는 'AI에 지배당하지 않는 아이를 키우는 것'이라는데 학교에 대한 모든 정보는 철저히 비밀에 붙여져 있다. 입학은 어떻게 하는지, 학생들은 무엇을 배우는지, 전혀 알 수 없었다.

그러다 최근 이곳을 방문한 유명인사가 언론 인터뷰를 하면서 애드 아스트라의 비밀이 일부 드러났다. 애드 아스트라의 재학생은 31명이고, 모든 수업은 소크라테스 질문식 대화법으로 진행되고 있다고 한다. 수업에서 '아스트라 플레이'라는 게임을 자주 하는데 문제는 다음과 같은 형식이다.

"아주 작은 마을에 공장이 있어요. 머릿속에 공장을 떠올려 보세요. 그런데 그 공장은 주변의 호수를 오염시키고 있습니다. 공장을 폐쇄해야 할까요? 아니면 공장을 계속 가동해 사람들의 일자리를 지켜야 할까요?"

이런 질문들에 답을 하면서 일론 머스크의 자녀들은 지식이 아니라 지혜를 배운다. 그 과정에서 세상에 대한 비판적 사고력과 창의력을 학습하게 된다. AI 시대는 인간과 대립하는 AI의 윤리 문제가 중요해지고 이를 해결하는 인재가 사회와 기업의 리더가 될 텐데, 그들은 이미 선행학습을 하며 앞서가고 있다.

놀라운 것은 내가 만든 한국형 하브루타 앱 '지혜톡톡'의 교육 원리가 '아스트라 플레이'와 딱 맞아떨어진다는 점이다. '지혜톡톡' 앱에는 아이의 비판적 사고력과 상상력을 자극하는 수천 개의 질문이 있다. 부모는 그 질문으로 아이와 대화만 나누면 된다. 집에서 지혜톡톡 앱으로 하브루타 대화를 하는 것만으로도 우리 아이는 일론 머스크의 자녀들과 동일한 교육을 받는 셈이다. 자녀를 '애드 아스트라'에 보낼 수는 없어도 '지혜톡톡'은 마음껏 할 수 있지 않은가!

AI 시대 아이에게 필요한 것은 무엇인가?

2015년, AI가 인간의 일자리를 순식간에 빼앗은 충격적인 사건이 있었다. 세계적인 금융회사 골드만삭스는 AI 직원 켄쇼를 고용했다. 당시 골드만삭스에는 주식 매매 업무를 하는 트레이더 600명이 일을 하고 있었다. 켄쇼는 트레이더 600명이 30일 가까이 걸려서 하던 업무를 3시간 20분 만에 우아하게 끝냈다. 그해 골드만삭스는 주식 트레이더 598명을 해고했다. 나머지 2명은? 켄쇼의 지시에 따라 업무를 수행하고 있다. 이후 골드만삭스는 '금융회사'가 아니라 'AI 회사'라고 선언했다. 이뿐만이 아니다. 미국 5대 의과대학에는 인간 약사가 한 명도 없고, 모두 AI가 약을 짓는다. 그 결과 약사가 가끔 실수로 약을 지어 환자를 고통스럽게 하는 일이 완전히 사라졌다.

2016년, 다보스포럼 의장인 클라우스 슈밥은 인류가 4차 산업혁명 시대에 진입했다고 선언했다. 그는 "4차 산업혁명의 핵심은 'Tech(기술)'가 아니라, '인간(Humanity)'이며, AI가 보편화되기 때문에 인간만의 고유한 능력을 키우는 교육이 무엇보다 중요하다고 말했다. 그러면서 그는 4C 역량, 즉 소통(Communication), 협력(Collavoration), 창의력(Creativity), 비판적 사고력(Critical thinking)이 미래 인재 교육의 핵심 역량이라고 강조했다.

K-하브루타의 탄생
: 지식의 시대는 가고, 지혜의 시대가 왔다!

2016년, 나는 교육학자로서 위의 사건들을 바라보며 퍼즐을 맞추어 보았다. 그 결과 지금이 바로 AI 시대로 진입하는 인류 전환기라는 것을 깨달았다. 지식의 시대는 가고, 지혜의 시대가 온 것이다! 인간은 지식으로는 AI를 이길 수 없지만, 지혜는 가능하기 때문이다.

마음속에 불꽃이 일었지만 평범한 시민인 내가 세상을 바꾸기에는 열정도 의지도 방법도 역부족이었다. 차츰 희미해지는 열정에 불이 당겨진 것은 가정의 위기를 맞고 나서였다. 당시 나는 일 때문에 주말부부로 지내고 있었는데, 아이들과 점점 사이가 멀어졌다. 특히 10살이던 딸 지유는 대놓고 나를 피했다.

주말에 집에 왔다 가면 힘이 쭉 빠지며 괴로웠다. 이렇게 살면 안 되겠다 싶어 해결 방법을 모색했다. 국립세종도서관에 있는 모든 육아 도서와 부모교육 도서를 읽기 시작했다. 더 이상 읽을 책이 없을 때 깨달았다. 한국에는 체계적인 부모교육과 밥상머리교육이 없다는 것을!

그때 공부를 통해 알게 된 유대인의 하브루타에 눈이 번쩍 뜨였고, 매주 한 시간씩 아이들과 하브루타를 시작했다. 하브루타의 교재는 성경과 탈무드이다. 우리 집은 종교가 없기 때문에 성경 대신 탈무드를 가지고 하브루타를 했다. 그러나 두 달도 못 가 포기하고 말았다.

탈무드는 랍비가 만든다. 랍비는 유대교 종교인이기 때문에 유대 사상과 가치관을 자연스럽게 탈무드에 녹여놓았다. 탈무드에 깊게 들어갈수록 거부감이 생겼고, 결국 그대로 손을 놓아버리고 말았다. 그때서야 깨달았다. 유대인의 하브루타는 한국인에게 맞지 않는다는 것을!

그러나 그대로 포기할 수는 없었다. 고민 끝에 한국형 하브루타를 직접 만들기로 했다. 우리 아이들을 대상으로 수많은 교육 실험을 했고, 무수한 시행착오를 겪었다. 그렇게 몇 년이 흘렀다.

2019년, 드디어 집에서 부모와 아이가 체계적으로 지혜를 키울 수 있는 한국형 하브루타 앱 '지혜톡톡'을 완성했다. 5년 간 하루도 빠짐없이 집에서 아이와 지혜를 나누는 한국형 하브루타를 생각하고 몰입하고, 주말마다 아이들과 질문하고 대화하며 토론한 결과였다.

지혜톡톡! 방구석 하브루타의 힘!

사람들이 종종 묻는다.

"하브루타를 하면서 어떤 변화가 생겼나요?"

가장 큰 변화는 아이들과 친구처럼 친해진 것이다. 유대인 아이들에게는 사춘기라는 말이 없다. 특유의 반항으로 부모와 갈등을 빚는 일이 없다는 뜻이다. 사춘기가 없는 이유는 부모와 아이가 날마다 하브루타로 대화하고 소통하기 때문이다. 한국형 하브루타를 하고 있는 우리 아이들도 부모와 대립하는 사춘기 현상이 없으리라 확신한다.

2019년에 첫째 아이 지유는 13살, 둘째 찬유는 11살이었다. 지유는 어른들도 읽다가 포기하는 유발 하라리의 《사피엔스》를 2번이나 정독하고 나와 스스럼없이 대화를 나눴다. 그보다 더 어린 찬유도 《사피엔스》는 물론 《총, 균, 쇠》, 《이기적 유전자》 등을 쉽게 읽었다. 그뿐만이 아니다. 아이들은 베르나르 베르베르의 《개미》 등 소설 수십 권을 읽고 나와 아내에게 권유하기도 한다. 기특하기도 하고 신기하기도 해서 아이들에게 물었다.

"이게 재미있니?"

"응, 재미있어!"

평범한 우리 아이들이 어떻게 어른들도 어려워하는 책을 쉽고 재미있게 읽는지 곰곰 생각해보았다. 다른 특별한 게 있을 리 없다. 그동안 집에서 꾸준히 해온 방구석 하브루타의 힘이구나, 싶었다. 매주 주말마다 지혜톡톡으로 한 시간씩 질문하고 대화하고 토론했던 힘이 이렇게 나타나고 있었다.

AI 시대 아이를 위한 최고의 선물

"야! 너두 할 수 있어!"

2019년 히트했던 광고 카피다. 지금 이 책을 읽고 있는 당신께 이 말을 해주고 싶다. 특별하지 않은 우리 식구가 해낸 만큼, 정말로 누구나 할 수 있기 때문이다. 책에 나오는 내용을 읽어보고 아이와 실천하기만 하면 된다. 이 책에서 소개하는 대로 지혜톡톡 앱을 활용하면 너무나 쉽고 간단하다. 앱은 스마트폰에서 무료로 다운로드할 수 있다. 얼마나 좋은가!

지혜톡톡 앱은 인성, 소통, 감정, 협력, 창의력, 비판적 사고력, 문제 발견력, 문제 해결력, 미덕 등 AI 시대 가장 핵심적인 역량들이 15개의 카테고리로 구성되어 있다. 각 카테고리에는 100개의 사진과 300개의 질문이 제시된다. 만약 아이가 '소통' 카테고리에 들어가 마음에 드는 사진을 하나 고르면 자동으로 질문 3개가 나온다. 소통과 관련된 질문을 놓고 부모와 아이가 대화를 나누면서 자연스럽게 소통 역량을 기를 수 있는 것이다.

지혜톡톡의 핵심 원리는 부모와 아이가 지혜를 나누는 방법+소크라테스 질문식 대화법+유대인 하브루타를 융합한 것이다. 하버드대학교의 수업법, 미네르바 스쿨의 수업법, 일론 머스크가 만든 애드 아스트라의 수업법과 동일하다. 책 속 부록에는 지난 5년간 우리 아이들과 직접 체험했던 신문, 책, 영상 등을 이용하는 다양한 한국형 하브루타의 활용법과 노하우를 자세히 소개해놓았다.

포스트 코로나와 AI 시대, 우리 아이는 무엇을 어떻게 배워야 하나?

주입식 교육과 학원에 찌들어 있는 우리 아이에게 부모는 무엇을 해줄 수 있는가?

부모라면 한 번쯤 불안한 마음으로 스스로에게 던진 질문일 것이다. 그 질문에 나는 답을 찾았다.

"아이와 함께 K-하브루타 지혜톡톡!"

유대인에게는 사춘기라는 단어가 없다. 하브루타로 부모와 항상
대화하고 소통하기 때문이다. 나는 우리 지유와 찬유가 유대인
아이들처럼 사춘기가 없을 거라고 확신한다. 우리는 늘 대화하며
서로의 마음을 공유하고 있기 때문이다.

01

소통

마음이 통하면 행복도 통통!

부모와 아이도
'성격 차이'가 있다!

우리 딸 지유는 중학생이다. 늦게까지 일하고 집에 들어가면 지유가 나를 꼭 안아준다. 어릴 때는 아빠에게 곧잘 안기던 아이들도 중학생이 되면 까칠해지고 부모와 멀어지기 시작한다는데, 지유는 나이를 거꾸로 먹는 것 같다. 4년 전만 해도 아빠를 피하고 대화를 꺼리던 아이였기 때문이다. 대놓고 아빠가 싫다고 말한 적도 있었다.

사실, 지유와 나는 성격이 극과 극이다. 우리의 마음은 거리가 너무 멀어 서로의 마음이 보이지 않았다. 매사 급하고 욱하는 다혈질인 나에 비해 지유는 내성적인 성격이다. 내성적인 아이를 키우는 부모들은 공감할 텐데, 뭘 물어봐도 애가 대답을 잘 안 한다. 성질이 급한 나는 참지 않고 바로 소리를 지른다.

"왜! 왜 대답을 안 해? 왜 대답을 안 하냐고!"

버럭 소리를 지르고 나면 지유의 눈망울에 눈물이 가득 차오르는 게 보인다. 잠시 후 거짓말처럼 눈물이 후드득 떨어진다. 아차! 싶지만 이미 늦었다. 내 마음은 짜증과 후회로 가득 차오른다. 이런 일들이 반복되면서 지유와 나는 점점 사이가 멀어졌다. 더욱 최악인 것은 내가 주말에 한 번씩 집에 들어오는 주말부부 아빠였다는 것이다.

금요일 저녁 집에 올 때는 아이들이 보고 싶어 설렜지만, 월요일 새벽 집을 나설 때는 지유와의 관계 때문에 마음이 무거웠다. 무얼 해도 신나지 않았다. 집안이 화목해야 모든 일이 잘 풀린다는 '가화만사성'이 가슴 깊이 와 닿았다. 주말부부였기 때문에 지유의 마음에 축적된 눈물을 닦아줄 시간과 기회가 부족했다. 지유와 소통하기를 간절히 원했지만 그런 기적은 일어나지 않았다.

초등학교 3학년 새 학기, 지유네 반 공개 수업에 참석을 했다. 아빠는 나밖에 없었다. 선생님은 활기가 넘쳤고, 아이들은 모두 발랄해 보였다. 선생님이 질문을 하니, 아이들이 너도나도 손을 들고 대답하려 했다. 그런데 지유만 손을 들지 않았다. 뒤에서 보고 있자니 금세 기분이 가라앉았다.

시간이 흘러 마지막 활동으로 아이들이 모둠별로 교실 앞에 나와 시를 읊었다. 지유네 모둠 차례가 되었다. 지유는 공책을 들고 나와서 얼굴을 반쯤 가렸다. 가라앉은 기분이 바닥을 쳤다. 집에 돌아와서는 아내와 대판 싸우고 말았다.

그때 내 직업은 유아교육과 교수였다. 학교에 가면 예비 교사들에게 유아 교육, 부모교육의 중요성을 가르치고 있었다. 이런 이중인격자!

분노를 차곡차곡
쌓고 있던 아이

그러던 어느 날 지유의 영어 학원 숙제 공책이 눈에 띄었다. 무심코 표지 뒷면을 넘겨보다 기겁을 했다.

"영어는 싫지만 해야 하는 것! ㅠㅠ"

"영어 노잼!!! 영어 꾸르잼ㅋㅋㅋ"

"영어는 꿀잼이 절대 아니야!!!"

"여기 온 건 안 환영해!!! 나도 싫어하는 곳이거든"

'간단한 메모를 기록해요'라는 말풍선과 '바른 말 고운 말을 사용해요'라는 말풍선에는 모두 '싫어요!'라는 말이 적혀 있었다. 부정적인 단어로 가득한 말풍선은 지유의 마음을 그대로 담고 있었다. 나중에 지유와 친해지고 나서 물어봤다.

"왜 그때 학원에 다니기 싫다고 말하지 않았니?"

망설임 없는 지유의 대답이 돌아왔다.

"말을 해도 엄마 아빠가 안 들어줄 거 같아서!"

불통의 결과는 이리도 치명적이다. 마음을 터놓고 대화를 나눴다면 쉽게 해결될 일이었는데, 지유는 학원 스트레스의 분노를 차곡차곡 축적하고 있었다.

그렇게 숙제 공책의 낙서로 지유의 마음을 확인했던 날에는 내 자신이 한없이 초라하게 느껴졌다. 어떻게든 지유의 마음속에 가득 찬 분노를 없애주고 싶었다. 그때부터 부모교육 관련 책들을 모조리 읽으며 공부하고, 지유와 소통하기 위해 실질적인 노력을 시작했다. 그렇게 부모교육을 공부하면 할수록 유대인의 밥상머리교육 '하브루타'의 필요성을 느꼈다.

하브루타의 교재는 '토라(구약성경)'와 '탈무드'다. 신을 믿지 않기에 토라 대신 탈무드를 선택해 주말마다 1시간씩 아이들과 하브루타를 시작했다. 기대감에 부풀었지만 우리 가족의 하브루타 대화는 순조롭지 못했다. 10번을 간신히 넘기고 12번쯤 하다가 포기하고 말았다. 왜 그랬을까?

탈무드는 랍비가 쓴 글을 모은 책이다. 랍비는 유대교 종교인이다. 불교로 치면 스님이다. 처음에는 탈무드를 읽고 대화하는 것이 나쁘지 않았다. 그러나 유대인이 세계에서 가장 우수한 민족이라는 선민의식을 강조하고 강렬한 유대교 색채를 드러내는 탈무드에 점점 거부감이 들었다. 유대인에게 탈무드는 최고의 책이지만 한국인인 우리 가족한테는 맞지 않았다. 하브루타의 우수성을 누구나 인정하지만 세계 여러 나라에 확산되지 못하는 이유를 그때서야 깨달았다.

밥상머리 소통이 가져온 행복

하브루타 교재를 탈무드에서 신문으로 바꿔보았다. 신문에 나오는 기사를 하나 골라서 같이 읽고 대화를 나눴다. 주말에 1시간씩 12번이 지났을 때 지유가 먼저 신문을 들고 다가왔다.

"아빠, 우리 토론하자!"

온몸에 뿌듯함이 차올랐다. 싱글벙글하며 지유에게 물었다.

"왜?"

"재미있어!"

"뭐가 재미있는데?"

"처음 들어보는 이야기들이라서 재미있어. 그리고 엄빠와 같이 앉아서 얘기하니까 기분이 좋아!"

'엄빠'는 엄마 아빠의 줄임말이다. 나는 말없이 멋지게 지유와 하이파이브를 했다. 점점 지유와 소통이 자연스러워졌다. 그렇게 4년, 주말마다 1시간 이상 집중 대화와 토론을 했다. 지나고 돌아보니 밥상에서 다루지 않은 주제가 없다. 원전 중단 문제, AI(인공지능), 버스기사 졸음 사고, 제천 화재 사고, 미중 무역 전쟁, 일본 과거사, 북한 미사일, BTS 성공 비결 등등. 침묵을 지키던 밥상은 소통의 밥상이 되었다. 이제 밥상에서 10초라도 침묵이 흐르면 어색하게 느껴지는지, 아이들이 먼저 말을 꺼내기도 한다.

소통의 결과는 우리 가족에게 많은 선물을 주었다. 지유는 학원을 모두 끊고 혼자 공부하며 영어를 좋아하게 되었다. '영어는 절대 꿀잼이 아니야!'라고 낙서하던 아이가 영어 학원을 그만두고 6개월 후에는 학교에서 '도크 다이어리'라는 영어책 시리즈 13권을 빌려와 아내와 나를 놀라게 했다. 지유는 그 책을 몇 번이고 읽었다. 누가 시킨 것도 아닌데 말이다. 덩달아 찬유도 영어 학원을 그만두고 스스로 공부하게 되었다. 하브루타를 하면서 아이들에게 자기주도학습 습관이 생긴 것이다.

하브루타를 하면서 얻게 된 가장 큰 소득은 바로 가족의 행복이다. 맞벌이를 하는 우리 부부는 퇴근이 늦을 때가 많다. 그럴 때면 아이들이 아내에게 전화를 해 "밥 해놓을까?" 하고 묻는다. 하브루타 대화법으로 아이들과 소통하면서 생긴 변화다. 어느 날 밤늦게 퇴근했더니 지유가 아무 말 없이 나를 꼭 안아주었다. 그 따스함은 행복 에너지다. 대화와 소통으로 우리 가족 모두에게 생긴 행복 에너지!

소통으로 풀리지 않는
문제는 없다

2019년 교육부 국정감사에서 자살한 청소년들의 심리부검 결과가 공개되었다. 심리부검은 자살한 아이의 부모와 친구를 인터뷰하며 자살의 원인을 규명하는 것이다. 심리부검의 결과는 충격적이다. 사람들은 대부분 청소년 자살의 원인을 학교 폭력, 집단 따돌림, 학업 스트레스 등으로 알고 있다. 하지만 총 111명을 심리부검한 결과 56명의 자살 원인이 '부모와의 갈등'으로 밝혀졌다. 새로운 사실일까? 그렇지 않다. 연세대 사회연구소에서도 매년 청소년 자살 원인을 조사해 발표하는데 1위는 늘 똑같다. 바로 부모와 자녀의 갈등이다. 부모와 아이 사이의 소통이 얼마나 중요한지, 지금 우리에게 얼마나 소통이 필요한지, 아프게 알려주고 있다.

소통은 마음을 열고 대화를 나누는 것이다. 부모와의 불통이 청소년들의 불행 지수를 높이는 가장 큰 이유가 되고 있는 만큼, 부모와 아이가 소통하면 여러 가지 문제를 쉽게 풀 수 있다. 사람의 문제는 모두 사람 사이에 생기는 것이기에, 소통으로 풀리지 않는 문제란 없다. 아이들이 큰 스트레스를 받고 있는 학원 문제만 해도 그렇다. 부모와 말이 통하지 않으니 아이들은 불만을 마음에 쌓으면서 꾸역꾸역 다닌다.

"수학 학원 다니기 싫어!"

아이의 이런 말에 부모의 눈빛은 차갑게 식는다. 말이 통하지 않으니 아이는 학원에 다니기 싫어도 다닌다. 초등학생 때는 그래도 괜찮다. 중학생이 되면 그런 부모를 보는 눈빛이 달라진다. 초롱초롱하던 아이의 눈빛은 생기를 잃고, 엄마를 바라보던 따스한 눈빛은 차갑고 거칠어진다.

유대인에게는 사춘기라는 단어가 없다. 하브루타로 부모와 항상 대화하고 소통하기 때문이다. 나는 우리 지유와 찬유가 유대인 아이들처럼 사춘기가 없을 거라고 확신한다. 우리는 늘 대화하며 서로의 마음을 공유하고 있기 때문이다.

반면, 한국의 아이들은 유독 사춘기를 심하게 앓는다. 그러나 자세히 살펴보면 부모와 자주 대화하고 소통하는 아이들은 사춘기의 반항과 갈등이 거의 나타나지 않음을 알 수 있었다. 사춘기 문제들이란 대부분 오랫동안 마음속에 불안과 불만이 쌓여서 터지는 것이기 때문이다.

우리 부부와 늘 대화를 하는 지유는 저 혼자 쌓아올리는 불안과 불만이 거의 없을 것이다. 이렇게 지유와 대화하고 소통하면서 한국형 하브루타 앱 '지혜톡톡'을 만들었다. 그리고 그만큼 지혜톡톡의 덕을 톡톡히 보고 있다. 소통은 기본이고 지혜는 덤이다.

일요일 아침이다. 아이들과 여유롭게 일어나서 시리얼로 아침을 때웠다. 오늘은 지혜톡톡 앱을 열고 '소통' 편에 들어가 각자 마음에 드는 사진 한 장씩을 골랐다. 대화를 시작하고 2시간을 훌쩍 지나서야 이야기가 끝났다. 녹음한 것을 글로 옮겼다. 헉! A4용지 50장 분량이다. 통상 A4용지 100장이면 300페이지 책 한 권이 나온다. 길고 긴 이야기를 줄이고 줄여서 여기에 소개한다.

아빠 자, 사진 하나씩 골라보자. 아빠는 여우 사진 골랐어. 지유는 뭐 골랐어? 차 마시면서 휴대폰 보고 있는 사진이네. 왜 그걸 골랐어?

딸   음료가 맛있어 보여서 골랐어.

엄마   지유의 주말 모습 아니야? 친구들과 버블티 한 잔 시켜놓고 휴대폰 보면서 수다 떨잖아.

아빠   어제 친구들하고 버블티 먹었니?

딸   응. 친구들하고 아마스빈(동네 커피숍) 갔었어.

아빠   아마스빈에서 먹었구나. 거기서 계속 놀았어?

딸   아니. 친구들이랑 5단지 유즈센터(아파트 복지시설) 가서 화장하고 놀았어.

엄마   ㅋㅋ 그때 아이라이너 그린 거야? 사진 보니까 눈꼬리가 이렇게 올라갔던데?

아빠   네가 직접 했어? 친구가 해줬어?

딸   내가 했어.

아빠   친구 중에 제일 화장 잘하는 친구는 누구야?

딸   송이!

엄마   송이는 '풀메(풀메이컵)' 했어?

딸   응. 하고 나서 다시 지웠어.

엄마   그 자리에서? 어떻게?

딸   클렌징 티슈로.

엄마   세수도 안 하고 그냥?

딸   어. 집에서 다시 씻는 거지.

아빠   눈썹은?

딸   안 그렸어. 그런데 눈썹이 짝짝이라 '폭망'했어. 눈썹 밀다가 여기는 짧고 여기는 길게 됐거든. ㅋㅋㅋ

아빠 지유는 가만히 뒀을 때 제일 예쁜데.

딸   아니야. 눈썹이 너무 지저분해. 잔털도 많고.

아빠 그거 계속 밀면 굵어질 수도 있어. 잔털은 그대로 둬야 돼. 아빠 요기
     만져봐 봐. 여기는 원래 면도 안 했거든? 그런데 면도를 하니까 점점
     이렇게 굵어졌어. 지유 미간에 이렇게 털이 생긴다고 생각해봐. 얼마
     나 웃겨!

엄마 일자 눈썹으로 이어지는 건가? 하하하. 지유도 풀메 했어?

딸   아니. 난 안 했는데, 다른 친구는 하기도 했어.

아빠 화장하면서 무슨 얘기해?

딸   "너 되게 못했다~" 이렇게 장난치고 얘기하면서 놀아. 집에 갈 때쯤
     에 GS(편의점) 가서 지우고 왔어.

    작년에 가족들과 나눈 대화다. 하브루타 대화를 통해 13살 지유의
일상을 들여다 볼 수 있었다. 처음에는 지유가 친구들과 화장을 하며
논다고 해서 좀 놀랐다. 어른의 시선으로는 13살의 화장이 썩 반갑지
않다. 우리 애만 별나게 노는 건지 궁금해서 유튜브에 들어가 봤다.
'초등학생 화장품'이라고 검색하니 엄청난 양의 콘텐츠가 나온다. '요
즘은 애들이 다 화장하며 노나 보네' 싶어 살짝 안심이 된다. 놀 데 없
고 갈 데 없는 요즘 아이들에게 화장이 놀이처럼 되었나 보다. 꼰대가
되어가는 40대 아빠가 하브루타 덕분에 13살 소녀들의 놀이 문화를
엿보며 달라진 세상을 실감하는 낯선 경험을 했다.

···· 아이와 함께 지혜톡톡 ····

– 스마트폰 앱스토어에서 '지혜톡톡' 앱을 무료 다운 로드 받은 후 이용 가능합니다.

지혜톡톡 앱 활용법

1 지혜톡톡 앱을 열고 '소통' 키워드를 선택한다.
2 각자 마음에 드는 사진을 하나씩 고른다.
3 아이에게 왜 그 사진을 골랐는지 물어보고 대화한다.
4 사진과 함께 제시된 3개의 질문을 아이에게 하나씩 물어보며 대화한다.
5 부모가 고른 사진으로 질문과 대화를 나눈다.

* 지혜톡톡 앱에 들어가면 더 많은 사진과 질문이 있답니다.

❶ 내가 사진 속의 사람이라면, 고릴라에게 어떤 말을 하고 싶은가요?

❷ 낯선 이와 처음 만났을 때는 어떤 기분이 드나요?

❸ 처음 만난 친구와 주로 어떤 대화를 하나요?

① 사진 속 두 사람은 어떤 상황에 처해 있다고 생각하나요?

② 비슷한 상황일 때 나는 친구와 어떤 대화를 나누었나요?

③ 사진 속 두 사람에게 어떤 말을 해주고 싶나요?

① 사진 속 우산을 쓴 사람은 어떤 기분일까요?

② 사진 속 우산을 쓴 사람에게 어떻게 말을 걸면 좋을까요?

③ 최근에 마음이 우울했던 적이 있었나요? 어떻게 극복했나요?

① 두 사람은 무엇에 대해 이야기를 나누고 있을까요?

② 친구와 어떤 대화를 할 때 가장 즐거운 기분이 드나요?

③ 우리 가족은 주로 어떤 것에 대해 대화하나요?

① 사진 속의 사람은 무엇을 바라보고 있을까요?

② 나는 어떤 풍경을 보는 것을 좋아하나요?

③ 왜 그 풍경을 좋아하나요?

❶ 사진 속 세 마리 말에게 어떤 이름을 붙여줄 수 있을까요?

❷ 열심히 달리는 말들에게 어떤 응원의 말을 건넬 수 있을까요?

❸ 내가 좋아하는 일, 행복해지는 일은 무엇인가요?

❶ 가장 친한 친구를 떠올려봅시다. 그 친구의 어떤 점이 좋은가요?

❷ 친구가 웃을 때나 미소 지을 때 나는 어떤 기분이 드나요?

❸ 친구와 나 사이에는 어떤 비슷한 점이 있을까요?

한국의 가정은 침묵의 밥상이 대세다. 대화가 없으니 오늘 하루 무슨 일이 있었는지, 기분은 어떤지 알 길이 없다. 친구들과 만나서 밥을 먹으면 수다가 오고 가며 즐거움이 넘치는데 왜 가족의 밥상은 침묵이 흐를까? 가족이 밥상에서 대화를 나누면 어떤 변화가 생길까?

02

감정

········

마음의 온도를 느끼다

책상보다 밥상에서
더 많이 배우는 아이들

아침이면 모두가 바쁘다. 부모는 직장으로, 아이는 학교로 내달린다. 해가 지면 지친 몸을 이끌고 다시 집으로 돌아온다. 운이 좋은 날이면 가족들이 저녁 밥상에 모인다. 여기서 질문을 한번 던져보자.

우리 집 밥상은 침묵의 밥상인가? 소통의 밥상인가?

한국의 가정은 침묵의 밥상이 대세다. 서로 대화를 잘 하지 않기에 오늘 하루 무슨 일이 있었는지, 기분은 어떤지 알 길이 없다. 생각해보자. 친구들과 만나서 밥을 먹으면 수다가 오고 가며 마음이 통하고 즐거움이 넘친다. 그런데 왜 가족의 밥상은 침묵이 흐를까? 가족이 밥상에서 대화를 나누면 어떤 변화가 생길까? 몇 가지 사례를 살펴보자.

첫째, 미국의 하버드대학교 캐서린 스노우 교수 연구팀이 각 가정에 녹음기를 설치하고 2년 동안 관찰한 결과, 아이가 책을 통해 배우는 단어는 300개인데 밥상에서 대화를 통해 배우는 단어는 무려 1,000개에 이르는 것으로 밝혀졌다. 또한 어린 시절에 획득한 풍부한 어휘는 고등학교의 성적과 직결되는 것을 확인했다.

둘째, 한국에서 서울대 합격률이 가장 높고 학생들의 성적이 높은 동네는 서울 강남으로 알려져 있다. 이웃 나라 일본은 어떨까? 매년 초·중·고등학교 전국 학력 테스트에서 1위를 차지하는 곳은 작은 시골마을 아키타현이다. 아베 노보루 교수는 아키타현 학생들의 성적이 우수한 비결을 이렇게 밝혔다.

"아키타 마을은 가족 식사의 빈도가 높고, 식사 시간에 부모와 아이가 다양한 대화를 주고받는다. 이것이 바로 학생들이 높은 성적을 내는 비결이다."

아키타현의 모든 학교는 가족이 식사를 함께하면서 대화를 나누는 것을 매우 중요하게 생각하며 학부모와 학생들에게 주기적으로 교육을 실시하고 있다고 한다.

셋째, 미국의 콜롬비아대학교 약물 오남용 예방센터는 가족과 함께 식사를 하며 대화를 나누는 학생이 다른 학생들보다 음주는 2배, 흡연은 4배 이상 그 비율이 낮다고 밝혔다. 그것뿐일까? 페이스북 창업자 마크 저커버그는 성공의 비결을 묻는 인터뷰에서 "밥상머리에서 대화와 토론으로 세상을 배웠다"라고 답했고, 구글 창업자 래리 페이지는 "식사 시간마다 부모님과 나눈 대화 덕분에 끊임없이 읽고 생각하고 상상하게 되었다"고 밝혔다. 공교롭게도 이들은 모두 유대인이다.

오늘날 유대인은 노벨상의 23% 이상을 수상하고, 세계 500대 기업의 CEO 41% 이상을 차지하고 있다.

세계적인 의류 기업을 일군 제이콥스 형제의 사례는 어떤가? 제이콥스 형제의 가정은 아버지가 교통사고로 팔을 못 쓰게 되면서 큰 위기를 맞았다. 다정했던 아버지가 극심한 스트레스와 좌절로 인해 걸핏하면 아이들을 때리고 물건을 던지는 무서운 사람으로 변했기 때문이다. 집 안에 한바탕 폭풍이 휩쓸고 가면 어머니가 나서서 수습을 했다.

제이콥스의 어머니는 저녁 밥상에 둘러앉은 여섯 형제들에게 항상 "오늘 가장 기분 좋은 일은 뭐였니?"라고 물었다. 어머니의 질문에 아이들은 하루 중 가장 즐거웠던 이야기를 경쟁적으로 쏟아냈다. 저녁 밥상은 수다 밥상이 되었고, 행복 에너지가 집안을 가득 채웠다.

어른이 되어서 제이콥스 형제는 티셔츠 장사를 시작했다. 5년 동안 미국 전역을 떠돌았다. 그러나 5년 후에 그들에게 남은 것은 단돈 78달러뿐이었다. 참담한 실패였다. 그러나 형제는 좌절하지 않았다. 형제는 힘들 때마다 저녁 밥상에서 매일 어머니에게 들었던 질문을 떠올렸다.

"오늘 가장 기분 좋은 일은 뭐였니?"

제이콥스 형제는 어머니의 질문을 떠올리며 티셔츠에 'Life is Good'을 새겼다. 그것은 단순한 티셔츠가 아니었다. 사람들은 그 말에서 긍정을 떠올렸다. 지금은 힘들어도 앞으로는 나아질 거라는 희망을 보았다. 형제가 사람들에게 판 것은 티셔츠가 아니라 행복이었다. 어머니가 그들에게 그랬던 것처럼. 제이콥스 형제는 자산 78달러의 기업에서 연매출 1억 달러를 버는 기업으로 성장했다. 이것이 밥상 머리 대화의 위대한 힘이다.

마음의 온도를 높여주는
지혜톡톡 감정 표현

그러나 밥상에서의 대화가 그리 쉽지 않은 게 현실이다. 아이에게 "오늘 하루 어땠니?"라고 물었는데 "그냥 그랬어!" 하는 답이 돌아오면 부모는 할 말이 없어진다.

하지만 이 정도는 보통의 가족이 처음 대화를 시작할 때 흔히 겪는 일이다. 큰맘 먹고 질문을 던져도 아이가 시큰둥하게 반응하거나 단답형 대답으로 대꾸하면 부모는 즉시 감정이 상한다. 어색함이 흐르고 다시 침묵의 밥상이 된다. 그런데 여기서, 역지사지로 한번 생각해보자. 그동안 아이가 질문을 했을 때 부모는 대충 넘겨버린 일이 없었는가? 항상 자상하게 마음을 다해 대답했는가? 아이가 기대만큼 호응하지 않는다고 해서 쉽게 좌절해버릴 일이 아니다.

그렇다면, 저녁 밥상에서 가볍게 대화를 시작하는 방법은 뭘까?

이러한 고민을 해결하기 위해 지혜톡톡 앱을 만들었다. 서로 마음이 통하려면 먼저 내 안의 감정을 드러내야 한다. 그런데 갑자기 감정을 드러내기는 어렵다. 적절한 메신저가 필요하다. 지혜톡톡 앱의 '감정' 편은 마음을 드러내는 메신저 역할을 톡톡히 해낼 것이다. 이는 심리 상담사들이 흔히 쓰는 기법이다. 심리 상담을 하면 상담사가 내담자에게 그림을 그려보라고 할 때가 많다. 마음의 문을 그림으로 열어주고 자연스럽게 심리를 파악하기 위해서다. 이처럼 그림은 사람의 감정을 드러낸다.

지혜톡톡에서 '감정' 편에 들어가면 수많은 감정 카드들이 있다. 저녁 밥상에서 아이에게 지금 기분과 가장 비슷한 감정을 고르게 하고, 부모도 함께 고른다. 아이가 만약 '미안함'을 골랐다면 이렇게 질문을 던지면 된다.

"왜 미안함을 골랐니?"

그러면 아이는 감정을 설명하다가 자연스럽게 오늘 하루 있었던 일을 말하게 된다. 부모도 마찬가지다. 자기가 고른 감정을 설명하면서 오늘의 스토리를 끄집어 내놓는다. 그 순간 식구들의 하루 스토리가 공유되고 대화가 오고 간다. 침묵의 밥상은 어느새 소통의 밥상이 된다.

많은 심리 상담사들이 그림과 사진을 이용해 처음 보는 내담자의 마음을 읽어낸다. 오랜 옛날부터 인간은 마음의 상태를 그림에 담고 싶어 했다. 다양한 그림이 그려진 타로 카드를 뽑아 점을 보는 것도 그런 이치다. 저녁 밥상에서 가볍게 오늘 하루의 이야기를 나누고 마음의 온도를 높여보고 싶다면, 주저 말고 지혜톡톡 앱을 열어 '감정' 편을 꾹 눌러보자.

아빠   자, 지혜톡톡 앱에서 '감정' 편에 들어가 현재 나의 감정을 골라볼까?

       어디 보자, 지유는 뭘 골랐어?

딸   그리움 골랐어.

아빠   왜? 왜 그리움을 골랐어?

딸   오늘 비 왔잖아. 책을 보고 있는데 좀 쓸쓸한 기분이 들었어. 약간 그

       리움 같은 거.

아빠   그랬구나. 아빠는 그리움이라는 말 좋아하는데……. 그래서, 비가 와

       서 지유는 어땠어?

딸   학교 마치고 걸어오는데 비에서 냄새가 났어. 내가 '비 냄새 좋다!'고

하니까, 친구는 비 비린내 난다고 안 좋아하더라고.

아빠   지유는 비 좋아해?

딸   응. 난 빗소리 듣는 것도 좋아하고, 비 냄새도 좋아. 비 오는 날 침대
에 누워서 책 보는 것도 좋고.

아빠   아빠도 비 좋아해. 빗소리도 좋아하고. 그러고 보니 지유가 아빠 닮
았구나. 아빠도 지유처럼 비가 오면 그리운 감정이 들어. 그래서 비
오는 날은 막걸리가 먹고 싶어. 옛날 생각하면서. 아빠 벌써 늙었나
봐(웃음).

딸   그런데 비가 안 와도 날씨마다 냄새가 있어.

아빠   그래? 어떤 냄새?

딸   계절마다 냄새가 있어. 말로 하기는 좀 어려운데 봄, 여름, 가을, 겨울,
다 냄새가 있어. 공기에서 느껴져.

아빠   어? 맞아! 아빠도 그래. 아빠는 특히 늦가을과 겨울 냄새가 좋아. 그
냄새를 맡으면 상쾌하기도 하고, 옛 기억 같은 게 떠오르기도 해.

    비 오는 날. 지유와 둘이서 감정으로 이야기를 나눴다. 어리다고
'그리움'의 감정을 모르는 게 아니다. 그날 지유의 그리움이 전달되었
다. 지유의 그리움은 나와 다르지 않았고, 잊고 지냈던 아련한 기억
들이 생각났다. 지유가 날씨와 계절의 냄새를 이미 알고 있다는 것도
신기하게 느껴졌다. 지유도 아빠와 그런 감정들을 공유하는 게 기분
좋은 눈치였다. 아빠는 딸을, 딸은 아빠를 좀 더 깊이 이해하게 된 날
이었다.

* 지혜톡톡 앱에 들어가면 더 많은
사진과 질문이 있답니다.

···· 아이와 함께 지혜톡톡 ····

– 스마트폰 앱스토어에서 '지혜톡톡' 앱을 무료 다운
로드 받은 후 이용 가능합니다.

지혜톡톡 앱 활용법

1 지혜톡톡 앱을 열고 '감정' 키워드를 선택한다.
2 각자 현재의 감정을 고르고 이유를 말하며
대화를 나눈다.
3 오늘 가장 기억에 남는 감정을 고르고 이유를
말하며 대화를 나눈다.
4 최근에 느낀 감정 3개를 고르고 이유를 말하
며 대화를 나눈다.
5 내가 지금 갖고 싶은 감정을 고르고 이유를
말하며 대화를 나눈다.
6 내가 피하고 싶은 감정을 고르고 이유를 말하
며 대화를 나눈다.

감동

서운함

든든함

미안함

신남

실망

자신감

혼란

활기찬

감사

걱정

괴로움

답답함

만족

무서움

평화로움

미움

뿌듯　　　　　　　　　슬픔

억울　　　　　　　　　좌절

지루함　　　　　　　　짜증

화남　　　　　　　　　후회

인성을 키우는 가장 좋은 방법은 '역지사지'를 몸에 익히는 것이다. 남의 입장이 되어 생각해보는 습관을 들이면 인성이 저절로 자라난다. 타인을 한 번 더 생각하게 만드는 질문이 아이들의 공감 능력과 배려심을 키운다.

03

인성

상대를 생각하는 역지사지의 마음

행복한 삶을 위한 첫걸음, 인성

인성은 한자로 '사람 인(人)' 자에 '성품 성(性)' 자를 쓴다. 그대로 뜻을 풀이하면 사람의 성품을 말한다. 그러니 인성 교육은 사람다움을 가르치는 교육이다.

그럼, 사람다운 사람은 어떤 사람일까? 바로 타인의 아픔을 공감하고 배려하는 사람이다. 우리는 그런 사람을 인성이 훌륭하다며 존경한다. 반면, 아무리 우수한 능력을 지닌 사람이라도 타인에 대한 공감과 배려가 부족하면 인성이 부족하다며 인정하지 않는다. 결국 사람을 사람답게 완성시키는 것은 인성이다.

세계경제포럼은 21세기 핵심 역량으로 '인성'을 최우선으로 제시하고 있다. 우리 정부도 인성의 중요성을 잘 알고 있다. 오죽하면 세계 최초로 인성교육진흥법까지 만들었을까? 2015년 인성교육진흥법이 시행되면서 학교마다 인성 의무교육까지 하고 있다. 그리고 5년이 흘렀다. 우리 스스로에게 질문을 던져보자.

그래서 아이들의 인성이 나아졌습니까?

인성교육법이 제정되고 학교마다 인성 교육을 실시하고 있지만 아이들의 인성이 나아졌다는 연구나 사례 발표는 본 적이 없다. 오히려 최근 지인에게 이런 이야기를 들었다. 어느 고등학교에서 학급 1등을 하는 친구가 교통사고가 나서 크게 다쳤는데, 같은 반 아이들은 자동으로 한 명 제쳤다며 환호하더라고. 충격적인 이야기지만 어쩌면 새삼스럽고 희한한 이야기도 아니라는 생각에 더욱 씁쓸했다. 학교 폭력, 집단 따돌림, 청소년 범죄 등의 문제가 끊이지 않는 이유가 무얼까? 친구의 아픔을 공감하지 못하고 인성이 부족하기 때문 아닐까?

그렇다면 어떻게 아이의 인성을 키울 수 있을까? 해법은 명확하다. 인성 교육은 학교의 교사가 아니라 부모가 중심이 되어야 한다. 교사는 신이 아니다. 아이의 모든 역량을 교사에게 맡기는 것은 무책임하다. 그렇게 해서도 안 되고, 그렇게 할 수도 없다. 한 반에 20명 이상의 학생을 관리하고 있는 교사에게 인성 교육까지 바라는 것은 부모들의 욕심일 뿐이다. 인성 교육은 학교 책상이 아니라 가족 밥상에서 이루어져야 한다.

역지사지 질문으로
길러주는 인성

인성을 키우는 가장 좋은 방법은 '역지사지'를 몸에 익히는 것이다. 남의 입장이 되어 생각해보는 습관을 들이면 인성이 저절로 자라난다. 예를 들어, 학교에서 돌아온 아이가 시무룩하기에 이유를 물어보니 친구와 싸웠단다. 그러면 부모들은 대부분 싸운 이유를 물어보고 잘잘못을 탓하다가 대화를 끝낼 것이다.

지금 친구 기분은 어떨까?

네가 친구라면 어떻게 행동했을까?

이렇게 부모가 친구 입장에서 생각하도록 질문을 했다면 어땠을까?

아이는 친구의 행동과 마음에 공감하고 배려하는 마음이 생겼을 것이다. 그 순간 아이의 마음은 한 뼘 더 자란다. 상대방의 처지에서 생각하도록 꾸준히 질문을 해주면, 아이는 공감하고 배려하는 마음이 커진다. 이게 인성 교육이다. 인성 교육은 어려운 것이 아니다.

기억하자! 역지사지!

기억하자! 부모의 질문!

주말이 되면 우리 집은 매주 1시간 이상 집중 대화를 한다. 어느 날 신문을 보니 버스기사가 졸음 운전을 해서 많은 승객이 죽고 다친 기사가 나왔다. 그 버스기사는 하루 12시간 이상 운전을 했고, 월급은 최저 시급보다 조금 많은 정도를 받았고, 세 자녀가 있다고 했다. 신문기사는 졸음 운전을 한 버스기사를 혹독하게 비판하고 있었다. 아이들 또한 버스기사의 잘못을 다투어 말했다. 나는 아이들에게 이렇게 물었다.

버스기사는 왜 졸았을까?
네가 졸음 운전을 한 버스기사의 자녀라면 지금 마음이 어떨까?

이런 질문을 받자 아이들은 잠시 생각에 잠겼다. 버스기사의 졸음 문제를 다른 관점에서 바라보게 된 것이다. 질문 이전과 질문 이후 아이들의 생각은 확연히 달랐다. 나는 아이들에게 특별한 교육을 하지 않았다. 단지 남의 입장에서 생각할 수 있도록 질문만 했을 뿐이다. 그런데도 그날 지유와 찬유의 마음의 키는 한 뼘 더 자랐을 것이다.

이처럼 타인을 한 번 더 생각하게 만드는 질문이 아이들의 공감 능력과 배려심을 키운다. 인성 교육은 이처럼 쉽고 분명한 것이다. 부모는 밥상머리교육에서 질문과 대화로 인성을 가르칠 수 있다. 물론 말처럼 쉽지만은 않다. 무슨 질문을 해야 할지, 어떻게 시작해야 할지, 어려울 수 있다. 나도 그랬다.

지혜톡톡 앱 안에는 인성, 창의력, 비판적 사고력, 문제 해결력 등 15개의 카테고리가 있다. 그중 '인성' 편에 들어가면 아이가 자연스럽게 부모와 대화하며 인성을 키울 수 있도록 100개의 사진과 300개의 질문이 마련되어 있다.

인성을 갖추면 다른 역량은 쉽게 키워진다. 인성이 뛰어난 아이는 공부, 소통, 협력, 창의력, 비판적 사고력 등 다양한 역량을 흡수할 수 있는 바탕을 지니게 된다. 시련을 만나 넘어졌을 때, 다시 일어나 뚜벅 뚜벅 걸어갈 수 있는 힘도 인성에서 나온다. 뿌리 깊은 나무는 절대 쓰러지지 않는 법이다.

토요일 아침! 여유롭게 일어났다. 아침 식사는 빵으로 간단히 해결했다. 시계를 보니 벌써 10시다. 우리 가족은 매주 주말마다 아침을 먹고 대화를 나눈다. 오늘은 지혜톡톡 앱에서 '인성' 편을 택해 대화하기로 했다.

> 아빠 자! 각자 핸드폰 들고 지혜톡톡 '인성'에 들어가서 사진 하나씩 골라보자. 다 골랐니? 가위바위보해서 이기는 사람이 먼저 시작하는 거야. 가위바위보! 오! 아빠가 1등이네. 아빠는 고요한 느낌이 들어서 이 사진을 골랐어. 지유가 질문 한번 읽어줄래?

> 딸 "하루를 마무리할 때 소중한 가족들에게 무슨 말을 해주면 좋을까?"
>
> 아들 굿바이!

아빠 굿바이는 어떤 느낌인데?

아들 해피엔딩!

아빠 또 무슨 얘기를 해주면 좋을까? 잠 잘 때, 하루를 마무리할 때.

딸 굿나잇!

아들 씨유 레이터, 해브 어 굿 타임!

아빠 다 영어네?

엄마 오늘도 수고했어. 사랑해!

아빠 아빠는 너희에게 뭘 해주고 있지? 하루 마무리할 때.

아들 재미있는 이야기.

지유는 14살, 찬유는 12살이다. 아직도 나는 아이들과 함께 잔다. 잠들기 전에는 늘 이야기를 해준다. 별의별 이야기를 다 한다. 내가 살아오며 겪은 이야기, 역사 이야기, 인물 이야기, 나만의 개똥철학, 오늘 일어난 일……. 어느새 아이들은 잠들고, 나도 잠든다. 잠을 부르는 최고의 주문은 이야기다.

아빠 지유는 아빠가 잠 자기 전에 그렇게 얘기해주면 어때? 어떤 느낌이야?

엄마 잠이 솔솔 와?

딸 그건 아닌데…….

엄마 그건 아니야? 항상 제일 먼저 자던데?

아빠 하하, 맞아. 아빠가 얘기 막 한참 하다가 "지유야~" 하고 부르면 벌써 자고 있어. 찬유는 어때?

아들 그냥 좋아. 아빠가 얘기해주면 재밌기도 하고 잠이 잘 와.

엄마 신기해. 우리는 들으면서 자고, 아빠는 얘기하면서 자고.

아빠 진짜 그러네. 나도 이야기하다 보면 잠이 금방 오더라고.

엄마 근데 찬유는 지난번에 이야기가 재미있어서 잠이 안 온다고 그러더라.

아빠 그래서 자기 전에 얘기할 때는 톤을 낮춰서 해야 돼. 너무 신나게 얘기하면 잠을 안 자더라고. 그리고 자기 전에 책을 읽어주는 것도 좋지만 이야기를 해주는 게 훨씬 좋은 것 같아.

아빠 지유는 왜 이 사진 골랐어?

딸 아이가 행복해 보여서.

아빠 질문이 뭐야?

딸 "내가 나를 칭찬해주고 싶을 때는 언제인가?"

아들 누굴 도와줬을 때.

아빠 최근에 누구 도와준 적 있어?

아들 며칠 전에 내가 놀려고 나왔는데 어떤 애가 우리 아파트에 사는 친구를 만나러 왔어. 근데 번호를 몰라서 못 들어오고 있더라고. 그래서 친구 이름이 뭐냐고 했는데 내가 아는 동생이어서 문을 대신 열어주고 어디에 사는지도 알려줬어. (찬유에게 하이파이브)

아빠 지유는 최근에 뭐 도와준 거 있어?

딸 밥 한 거?

아빠 맞아, 밥 해줬지!

아들 밥 나도 했어.

아빠 어. 찬유도 해줬고. 지유야, 그렇게 해줬을 때 기분이 어땠어?

딸 뿌듯했어!

아빠 근데 지유가 먼저 전화해서 "아빠, 내가 밥 해놓을까?" 이렇게 얘기했잖아. 왜 그렇게 한 거야?

딸 밥을 해놔야 될 것 같아서. 엄마 아빠가 늦게 오니까 도와줘야겠다는 생각이 들었어.

엄마 지유가 먼저 그 얘기를 꺼냈다는 얘기를 듣고 엄마도 깜짝 놀랐어. 기분도 엄청 좋고. 이제 엄마 아빠가 7시 넘어서도 안 오면 어떻게 하면 좋을까?

아들 밥을 해놔! (하이파이브)

아빠 자, 오늘의 한 줄 평! 얘기해볼까?

아들 행복은 긍정이다.

아빠 그건 어떤 뜻이니?

아들 긍정적이면 마음이 행복해지고, 행복한 마음이 있으면 긍정적이게 돼.

아빠 지유는?

딸 행복한 아이!

엄마 지혜톡톡으로 인성이 더 좋아진다!

아빠 인성은 곧 사람이다!

아들 무슨 뜻이야?

아빠 사람이 완성되려면 몸만 있어도 되는 게 아니고 뭐가 있어야 된다?

아들 인성!

아빠 지유도 공감하니?

딸 넵!

　우리는 '한줄평'으로 마무리했다. 아이들과 지혜톡톡으로 하브루타 대화를 하고 나면 마지막에는 항상 한줄평으로 마무리한다. 한줄평은 신문의 헤드라인과 같다. 대화의 핵심을 떠올리며 자기 나름의 '네이밍'을 해보는 것이다. 이런 것들이 쌓이면 핵심을 요약하는 사고력이 놀랄 만큼 발전한다.

　아이들과 밥상머리교육을 할 때면 늘 녹음을 한다. 시간을 보니 오늘 우리 가족은 1시간 47분 동안 대화를 나눴다. 녹음한 것을 한글 문서(글자 크기 10포인트)로 옮겼더니, A4 사이즈로 52장이 나왔다. 위의 글은 52장의 분량을 요약해서 정리한 것이다. 책에 나오는 우리 가족의 사례들은 모두 '가족 대화→녹음전사→요약'의 단계를 거쳤다. 그러니 이 책의 글들은 꾸준한 노동으로 만들어졌다고 할 수 있다. 노동은 정직하다. 힘을 쓰고 땀을 흘린 만큼 건물이 올라가는 것처럼. 내 글도 그렇다.

···· 아이와 함께 지혜톡톡 ····

– 스마트폰 앱스토어에서 '지혜톡톡' 앱을 무료 다운
로드 받은 후 이용 가능합니다.

지혜톡톡 앱 활용법

1 지혜톡톡 앱을 열고 '인성' 키워드를 선택한다.

2 각자 마음에 드는 사진을 하나씩 고른다.

3 아이에게 왜 그 사진을 골랐는지 물어보고
대화한다.

4 사진과 함께 제시된 3개의 질문을 아이에게
하나씩 물어보며 대화한다.

5 부모가 고른 사진으로 질문과 대화를 나눈다.

* 지혜톡톡 앱에 들어가면 더 많은
사진과 질문이 있답니다.

① 사진 속의 사람들은 무엇을 하고 있는 걸까?

② 나는 친구를 도와준 적이 있을까?

③ 서로 도움을 주고받는 친구가 있으면 어떤 점이 좋을까?

① 사진 속의 사람은 왜 웃고 있는 걸까?

② 나는 어떤 일을 할 때 기분이 가장 좋은가?

③ 모든 일을 긍정적인 마음으로 해낸다면 어떤 점이 좋을까?

① 미술 숙제를 하는데 누가 대신 해주겠다고 하면 어떻게 할까?

② 남이 해준 미술 숙제로 칭찬을 받는다면 내 마음은 어떨까?

③ 누군가를 도와주는 것의 장점과 단점은 무엇일까?

① 친한 친구 두 명이 싸우고 서로 자기 편을 들어달라면 어떻게 할까?

② 한 친구를 편들어주면, 다른 친구의 기분은 어떨까?

③ 두 친구 모두 기분이 상하지 않게 해결하려면 어떻게 해야 할까?

① 지하철이 운행을 멈춘다면 사람들에게 어떤 불편함이 생길까?

② 내가 매일매일 해야 하는 일에는 무엇이 있을까?

③ 매일 해야 하는 일을 하지 않는다면 어떤 일들이 생길까?

① 사진 속 두 사람은 무슨 대화를 하고 있을까?

② 아직 친하지 않은 친구와는 어떤 대화를 하면 좋을까?

③ 그 친구와 무엇을 함께 하면 빨리 친해질 수 있을까?

① 장난감이 없는 나라에 사는 친구가 있다면 어떤 선물을 주면 좋을까?

② 선물을 받고 기뻐하지 않은 아이가 있다면 왜 그럴까?

③ 세상 모든 아이들이 좋아하는 선물은 무엇일까?

창의력은 새로운 생각이다. 새로운 생각은 호기심과 상상력에서 나온다. 모든 아이는 태어날 때 이미 창의력을 선물로 받았다. 성장하면서 그 호기심과 상상력을 잃어버릴 뿐이다. 그러니 어른이 아이의 창의력을 유지하면 세상을 놀라게 하는 명작이 탄생한다.

04

창의력

⋮

호기심에 상상력을 더하다

아이들은 모두
창의력 천재로 태어났다

창의력은 새로운 생각이다. 새로운 생각은 호기심과 상상력에서 나온다. 모든 아이는 태어날 때 이미 창의력을 선물로 받았다. 성장하면서 그 호기심과 상상력을 잃어버릴 뿐이다. 그러니 어른이 아이의 창의력을 유지하면 세상을 놀라게 하는 명작이 탄생한다.

레오나르도 다빈치는 〈모나리자〉로 유명하지만 그를 천재의 반열에 올려놓은 것은 호기심과 상상력으로 그린 7,000장의 메모였다. 그의 메모에는 아이언맨처럼 하늘을 나는 사람, 헬리콥터, 사람의 신체 해부도, 괴상한 무기, 딱따구리 혓바닥 등 별의별 메모가 다 있다. 마이크로소프트의 창업자 빌 게이츠와 애플의 창업자 스티브 잡스는 창의력의 영감을 얻기 위해 다빈치의 메모를 거액을 주고 사기도 했다. 생 텍쥐페리의 《어린왕자》, 조앤 롤링의 《해리포터》도 아이의 호기심

어린 눈으로 세상을 보았기에 탄생한 위대한 작품들이다.

그렇다면 창의력을 유지하는 사람과 잃어버리는 사람의 차이는 무엇인가? 창의력을 유지하기 위해서는 새로움을 끄집어내는 연습이 필요하다. 누구나 한 번쯤은 번뜩이는 아이디어가 머릿속에 떠오른 경험이 있을 것이다. 그러나 아이디어라는 것은 꼬리에 꼬리를 물고 발전시키지 않으면 소멸하고 만다.

나는 인문학 교육법부터 미사일 정비 장비까지 다양한 발명을 하고 특허를 가진 발명가다. 그동안의 내 경험에 의하면 창의력을 키우는 가장 좋은 방법은 브레인스토밍과 마인드맵이다. 브레인스토밍과 마인드맵의 공통점은 생각에 꼬리를 물며 자유롭게 대화를 나누는 것이다. 그 과정에서 다양한 아이디어와 이야기가 오고 간다.

잠들어 있는 뇌를 깨우는 브레인스토밍

브레인스토밍은 뇌가 폭풍을 일으킨다는 대화법이다. 한 가지 주제를 놓고 여러 사람이 마음껏 자기 생각을 말하는 브레인스토밍은, 서로 칭찬으로 생각을 북돋우며 아이디어를 쏟아낸다는 특징이 있다.

브레인스토밍을 만든 사람은 알렉스 오스본(Alex Osborn, 1888~1966)으로, 평생 창의성과 상상력 연구에 몰입한 덕후이다. 그가 강조하는 브레인스토밍의 원칙은 첫째, 다른 사람의 생각을 절대 비판하지 않는다. 조금이라도 비판을 하면 아이디어를 낸 사람이 위축되어 다시는 아이디어를 내지 않기 때문이다.

둘째, 자유로운 말하기가 가능한 자유로운 분위기 조성이다. 셋째, 서로의 생각을 더해 아이디어를 발전시키는 대화를 하는 것이다. 자신에게는 하찮은 아이디어라고 생각되어도 다른 사람에게 영감을 주어 멋진 아이디어로 발전할 수 있기 때문이다.

우리 집의 밥상머리교육은 늘 브레인스토밍의 원칙을 따른다. 이 시간에는 자기 생각을 마음껏 말해도 절대로 비난하거나 구박하지 않고 100% 수용해준다. 아니, 한술 더 떠서 무슨 말을 해도 좋은 생각이라고 칭찬을 듬뿍 해준다. 그러니 아이들은 신이 난다. 자기 생각을 거침없이 쏟아낸다. 그런 경험이 쌓일수록 말발이 늘고, 생각도 깊어지는 법이다. 내성적인 딸 지유를 수다쟁이로 만든 것도 다 브레인스토밍 덕분이다.

나는 직업군인으로 복무하면서 병사들과 발명 동아리를 10년 정도 운영해본 경험이 있다. 처음 가입한 병사들이 가장 많이 하는 질문은 '발명을 한 번도 안 해봤는데, 제가 발명을 할 수 있겠습니까?'이다. 그러나 오늘은 방독면, 내일은 방탄 헬멧을 놓고 서로 불편한 점을 자유롭게 말하다보면 발명 아이디어가 샘솟는다. 어떤 아이디어도 좋다고 칭찬해 주니 다들 신이 나는 것이다. 브레인스토밍을 하고 나면 군 생활에 찌들어 무표정하던 병사들의 얼굴에 금방 생기가 돌았다. 평범하던 병사들이 하나둘 발명가로 변신하기 시작했다. 처음 출전한 전국 발명 대회에서 무려 9명이나 상을 받는 성과를 거두기도 했다. 그들이 특별해서인가? 아니다. 브레인스토밍으로 잠들어 있던 뇌를 깨운 것뿐이다.

말꼬리를 잡으면
창의력이 올라간다

또 하나의 창의력 핵심 키워드는 '마인드맵 대화법'이다. 마인드맵 방식으로 가지를 쳐가며 대화를 나누는 것이다. 쉽게 말하면 말꼬리 잡기, 즉, 말의 꼬리를 무는 것이다. 꼬리에 꼬리를 물고 대화하다보면 온갖 새로운 생각이 쏟아진다. 말꼬리 잡기를 '소크라테스 질문식 대화법'이라고 말하기도 한다. 예를 들면 이런 것이다.

> 엄마: 마트에 가서 장을 봐야 하는데 냉장고에 뭐가 있는지 잘 모르겠네. 이런 문제를 해결할 방법이 없을까?
>
> 아들: 밖에서도 언제든지 스마트폰으로 냉장고 안을 볼 수 있으면 좋겠다.
>
> 엄마: 스마트폰으로 냉장고 안을 본다고? 어떻게?
>
> 아들: 냉장고 안에 와이파이 되는 카메라를 설치하고 스마트폰으로 연결하면 안 되나?

냉장고에서 시작해 스마트폰으로 꼬리를 물면 무엇이 되겠는가? 스마트폰으로 냉장고 안을 들여다보는 IoT(사물인터넷)가 된다. 냉장고와 스마트폰은 떼어놓고 보면 전혀 상관이 없는 물건이지만 둘을 합치면 새로운 발명품이 탄생한다. 우리는 그런 것을 융합이라고 한다. 창의력의 근원에는 옛것을 합쳐서 새로움을 창조하는 융합이 있다. 사자성어로는 온고지신(溫故知新), 옛것에서 새것을 만든다고 한다. 말과 생각의 꼬리를 물다보면 수없이 가지를 치며 확장해나간다. 그 과정에서 서로 연결되어 새로움이 탄생하는 것이다.

미국 최고의 명문가로 손꼽히는 케네디가의 성공 비결은 생각 꼬리 물기를 하는 밥상머리 대화라고 한다. 생각에 꼬리를 무는 대화는 끝 말잇기처럼 다른 사람의 말을 듣고 질문을 던지는 것이다. 케네디의 엄마 로즈 여사는 9남매와 같이 밥상에서 생각 꼬리 물기를 하며 다양한 주제로 대화했다. 그로 인해 케네디가의 아이들은 서로 다른 이야기와 이야기를 이어 붙이는 융합 사고와 상상력을 자연스럽게 배울 수 있었다. 예를 들면 이런 식이다.

"조의 윗옷에 음식이 묻었구나. 에드워드! 저 옷에 써 있는 글씨를 읽어보렴."

"플로리다!"

"그렇지. 플로리다에 있는 도시로 스페인 이름을 가진 곳을 생각해 볼까?"

"새러소타, 탬파, 마이애미!"

"아니야. 마이애미는 인디언 이름이야. 미국에서 스페인 이름을 가진 도시가 더 없을까?"

"캘리포니아!"

"맞아, 캘리포니아가 있어. 그럼 샌프란시스코는 어떤 곳이야? 샌프란시스코처럼 성자들의 이름을 딴 고장들이 또 어디 있지?"

"샌디에이고, 산 가브리엘, 샌타바버라가 있어."

"좋아! 우리가 사는 이 고장을 뉴잉글랜드라고 부르는데, 뉴잉글랜

드에 있는 도시 중에 영국식 이름을 가지고 있는 것들을 생각해보
자."

"뉴햄프셔, 뉴런던, 뉴베드퍼드, 액턴!"

브레인스토밍에
활기를 주는 지혜톡톡

한국은 수학을 잘하는 나라로 소문이
나 있다. 작년(2019년) 국제수학올림피아드에서는 한국의 학생들이 금
메달을 휩쓸었다. 10년 전에도 그랬고, 20년 전에도 그랬다. 그러나 수
학의 노벨상이라고 하는 필즈상은 한 명도 받지 못했다. 왜 그럴까?
필즈상은 새로운 문제를 풀어야 한다. 문제풀이 위주의 암기식 교육으
로는 새로운 문제를 풀 수 없다. 필즈상은 유대인들이 휩쓸어 간다. 그
뿐인가? 한국에서 받은 노벨상은 1개뿐이지만 인구가 1,450만 명밖에
안 되는 유대인은 그동안 받은 노벨상 수가 230개에 이른다.

그 차이는 어디서 오는가? 어릴 때부터 밥상머리에서 대화와 토론
을 하며 나만의 새로운 생각을 말로 표현하는 하브루타에서 나온다.

많은 부모들이 '어떤 질문을 해야 될지 모르겠다'고 한다. 걱정하지
마시라! 우리에겐 K-하브루타 지혜톡톡 앱이 있다. 지혜톡톡은 누구
나 자연스레 브레인스토밍과 마인드맵이 가능하게 설계되어 있다. 지
혜톡톡 앱은 구조도 간단하다. 초기 화면에 뜨는 15개 카테고리에서
'창의력'을 누르고 들어가면 호기심과 상상력을 자극하는 다양한 질
문이 나온다. 아이가 질문에 답을 하면 그 대답에 꼬리를 물고 질문

을 던지거나 대화하면 된다. 아래의 4가지 원칙을 더하면 아이의 얼굴에 생기가 돌고 뇌는 춤을 춘다.

첫째, 아이의 생각을 비판하지 않고 존중하기!
둘째, 자유로운 분위기에서 마음껏 말하기!
셋째, 서로의 생각을 더해 더 좋은 생각으로 이끌기!
넷째, 말꼬리를 잡고 늘어지며 생각의 꼬리 잡기!

아빠 찬유야! 어떤 사진 골랐어?

아빠 아, 그렇구나! 왜 이 사진을 골랐어?

아들 뭔가 신비로운 느낌이 있어서 골랐어.

딸　 사과가 젤리 같아.

아들 왠지 안에 주스가 들어 있을 것 같아

아빠 그거, 아이디어로 참 좋겠다. 지유가 말한 거랑, 찬유가 말한 거랑 합
　　치는 거야.

아들 아! 바깥은 젤리인데 그 안에 주스가 있는 거?

엄마 오! 그거 좋은데. 사과 모양이면 사과 주스가 들어 있고, 딸기 모양이
　　면 그 안에 딸기 주스가 들어 있는 거야. 이거 아이디어 괜찮다. 많이

팔릴 것 같은데?

아들 잎은 초콜릿이야.

아빠 딱! 먹어보고 싶기도 하고, 신비로운 느낌이다. 과일 젤리 해가지고 그 안에 과일 주스 들어가면, 아주 괜찮겠다.

엄마 근데 왜 아직 그런 디자인이 안 나왔을까? 이런 모양으로 통을 만들면 눈에 팍팍 띌 텐데.

아빠 맞아. 통도 이렇게 만들면 예쁠 것 같아.

딸 만드는 데 돈이 많이 들어가나?

아들 아니면 아무도 그런 생각을 못했거나.

아빠 자, 여기서 질문 한번 해보자. 이 사진만 봐도 다양한 아이디어가 나온다.

엄마 "사과에 새로운 맛을 넣는다면 어떤 맛을 넣으면 좋을까?"

딸 빨간 사과에 라임 맛!

아빠 왜?

딸 빨간색인데 라임 맛이 나면 웃기잖아.

아들 아빠, 근데 녹색사과는 살짝 에메랄드 같아. 사과나무에서 사과 에메랄드가 자라면 좋겠다. 겉은 사과인데 안에는 에메랄드가 있는 거야.

아빠 보석이 자라는 사과나무야?

아들 어. 먹고나서 이거는 간직해두는 거지.

아빠 아! 과일은 먹고 에메랄드는 간직한다고?

아들 어.

엄마 보석이 자라는 나무……. 그거 완전 멋진데.

엄마 이런 색깔, 이런 투명한 과일이 열린다면 어떨까?

아빠 많이 사 먹을 것 같아. 사과 먹으면 껍질 안에 살이 차 있잖아. 이 사과는 살이 차 있는 게 아니라 주스가 차 있는 거야. 먹으면 시원한 즙이 쫙! 나오는 거지. 어떻게 하면 가능할까?

딸 수분을 100으로 하고, 겉을 코팅하는 거야.

엄마 충분히 가능할 것 같아. 얼마 전에 식당에 갔는데, 분자 요리가 나와 신기했어. 딸기잼이 얇은 막에 액체 형태로 코팅돼서 나오더라. 포크로 그 막을 찔러서 터뜨리니 속에서 딸기잼이 나왔어.

아들 그런 게 있어? 다음에 거기 꼭 가보자.

아빠 그런데 과일 안에 물이 차 있는 과일이 있어?

딸 코코넛!

아빠 그거하고 유전자를 합치면 어떻게 되겠어?

아들 사과즙이 차겠지.

아빠 코코넛 DNA와 사과 DNA를 합치면 사과 안에 액체가 차 있는 거야. 이거 괜찮은데? 궁금해서라도 한 번씩은 사 먹을 거 아니야. 찬유는 그런 거 나오면 사 먹을 거야?

아들 응!

아빠 창의력으로 '한줄평' 해볼까?

아들 '창의력은 사람의 생각이다!'

아빠 어떤 뜻이야?

아들 사람이 생각을 해야 창의력이 나오는 거니까.

아빠 좋아! 지유는?

딸 '창의력으로 살아가는 사람들!'

아빠 그건 어떤 의미야?

딸　　창의력으로 사람이 물건도 만들고 그렇게 살아가니까.

아빠　그거 좋다.

엄마　'세상은 창의력으로 바뀐다!'

아빠　그건 무슨 뜻이야?

엄마　'새로운 생각으로 세상이 변한다'는 뜻이야.

아빠　나도 비슷한데, '인류의 진화는 창의력이다!'

아들　그게 무슨 뜻이야?

아빠　인류가 계속 진화했잖아. 지금은 컴퓨터, 스마트폰이 만들어지면서 엄청난 속도로 진화하고 있고. 그게 다 사람의 창의력 때문에 생겼고, 진화했다는 거지.

　　신기한 사진은 아이에게 상상력을 불러일으킨다. 사진에서 제시되는 창의적인 질문으로 아이들과 새로운 생각, 기발한 생각을 나누다 보면 시간 가는 줄 모르게 된다. 위의 사례에는 아주 일부만 소개했지만 우리 가족의 대화는 처음 듣는 새로운 이야기들로 가득 찼다. 녹음 시간을 보니 94분이었다. 우리는 94분 동안 신나게, 무슨 말을 해도 창의력이 되는 브레인스토밍을 했다. 그야말로 번뜩이는 아이디어로 뇌에 폭풍을 일으킨 시간이었다.

– 스마트폰 앱스토어에서 '지혜톡톡' 앱을 무료 다운
로드 받은 후 이용 가능합니다.

지혜톡톡 앱 활용법

1 지혜톡톡 앱을 열고 '창의력' 키워드를 선택한다.

2 각자 마음에 드는 사진을 하나씩 고른다.

3 아이에게 왜 그 사진을 골랐는지 물어보고
대화한다.

4 사진과 함께 제시된 3개의 질문을 아이에게
하나씩 물어보며 대화한다.

5 부모가 고른 사진으로 질문과 대화를 나눈다.

* 지혜톡톡 앱에 들어가면 더 많은
사진과 질문이 있답니다.

❶ 식물도 생각을 할까?

❷ 식물도 생각을 한다면 지금 당근은 무슨 생각을 하고 있을까?

❸ 흙에 묻혀 지내는 당근의 일상은 어떨까?

① 해파리들은 무얼 하고 있는 걸까?

② 해파리들은 무슨 이야기를 하고 있을까?

③ 새로운 해파리를 만든다면 어떤 해파리를 만들 것인가?

① 이 열매는 무슨 맛이 날까?

② 왜 하나만 반이 잘려져 있을까?

③ 열매 안의 동그라미는 어떻게 생겨났을까?

① 사람들이 모이는 이유는 무엇일까?

② 돌에서 미끄러진다면 어떤 일이 생길까?

③ 바다를 한순간에 깨끗하게 하는 방법은 무엇일까?

① 사막에 비가 많이 온다면 어떻게 될까?

② 사막에서 길을 잃는다면 어떻게 하면 좋을까?

③ 사막에서 어린왕자를 만난다면 무슨 대화를 할까?

① 과자도 진화를 하는가?

② 내가 과자를 만들었다면 어떤 모양으로 만들었을까?

③ 새로운 과자를 발명한다면?

① 가운데 사과는 왜 옆의 두 사과와 색이 다를까?

② 이 사과들로 무엇을 할 수 있을까?

③ 사과의 기분은 어떨까? 왜 그렇게 생각하는가?

비판적 사고력을 키우기 위해서는 다른 사람의 생각을 자주 들어야 한다. 그리고 자신의 생각을 자꾸 말해 봐야 한다. 말로 설명하지 못하는 것은 모르는 것이다. 머릿속에만 맴돌던 생각들은 입 밖으로 나와야 내 것으로 정리된다.

05

비판적 사고력

생각을 단단하게 만드는 'why?'

질문이 살아나면
사고력도 살아난다

인류가 새로운 세상을 열어온 비결은 '왜?'라는 질문에 있다. '왜?'라는 질문에는 비판적 사고가 담겨 있다. 비판적 사고력을 가지면 세상을 보는 또 다른 눈이 생긴다. 그래서 '왜?'라고 물으면 문제의 숨겨진 본질이 보이고, 해결책도 보인다.

아이는 누구나 비판적 사고력을 갖고 태어난다. 세상에 일어나는 모든 현상에 '왜?'라는 질문을 계속 던진다. 아이를 키우는 부모라면 자주 겪는 일이다.

모든 아이는 천재의 잠재력을 갖고 있다. 다만 부모와 선생님이 잠재력을 모르고 지나칠 뿐이다.

"엄마! 왜 하늘에서 비가 내려요?"

"아빠! 왜 밥이 똥으로 나와요?"

이런 질문에 어떻게 대답할까?

"그건 원래 그런 거야!"

"쓸데없는 질문 하지 마!"

이런 대답을 듣다 보면 아이의 비판적 사고력은 무뎌진다. 무궁무진하던 호기심과 질문이 신기루처럼 사라진다.

만약, 아이가 자라면서 '왜?'라는 질문을 계속 가져간다면 어떻게 될까? 아인슈타인이 죽는 순간까지 놓지 않았던 질문은 '하늘은 왜 푸를까?'였다. 그는 당연한 질문으로 속도와 중력의 관계를 밝히고 노벨상을 받았다. 우리는 그를 천재 과학자라고 부른다.

그런 아인슈타인도 어린 시절은 참담했다. 초등학교 때에는 선생님에게 이런 말을 듣기도 했다.

"이 학생은 장차 어떤 일을 해도 성공할 수 없을 것으로 판단된다!"

내 아이가 이런 내용이 적힌 생활기록부를 가져온다면 아이에게 뭐라고 이야기할 수 있을까?

아인슈타인의 엄마는 이렇게 말했다.

"얘야! 넌 남과 아주 다르기 때문에 특별한 능력을 갖고 있단다. 네가 남과 같아서야 어떻게 성공하겠니?"

아인슈타인의 엄마는 아들을 믿었다. 그녀는 호기심과 질문이 끊이지 않는 아인슈타인의 잠재력을 대화와 토론으로 이끌어주었다. 아인슈타인은 유대인이다. 유대인은 밥상머리에서 하브루타로 대화와 토론을 한다. 아인슈타인은 하브루타를 통해 어릴 때의 질문을 어른이 되어서도 유지했다. 그 결과 남다른 비판적 사고력을 지니게 되었고, 우주의 비밀을 풀어내는 과학자가 되었다.

국제 바칼로레아로
한발 앞서 나간 일본

아이들의 비판적 사고력과 창의력을 키우기 위해 나라가 발 벗고 나선 곳이 일본이다. 한국과 일본은 21세기에 태어난 아이들을 20세기의 교육 방식으로 가르치고 있었다. 그런데 일본은 2020년부터 기존의 대입 시험을 폐지하고 국제 바칼로레아 시험을 도입했다.

반면, 한국의 교육은 아직까지 수능을 위한 주입식 교육에 매달려 있다. 한국의 수능 시험은 일본의 대입 시험을 벤치마킹해서 만든 객관식 위주의 시험이다. 객관식 시험은 비판적 사고를 통해 답을 쓰는 것이 아니라, 주어진 답에서 정답을 골라야 한다. EBS가 수능 만점자들을 인터뷰하며 그 비결을 물을 때마다 돌아오는 똑같은 대답이 있다. 바로 '문제를 계속해서 많이 풀어보는 것!'

기계식 대량생산을 하던 산업화 시대에는 이러한 주입식 교육이 효과가 높았다. 그러나 지금은 4차 산업혁명 시대다. AI와 일자리를 놓고 경쟁하는 시대를 살아야 할 아이들에게도 쓸모가 있을까? 답은 이미 나와 있고, 일본은 먼저 발 빠르게 움직였다. 주입식 교육으로는 더 이상 국가의 미래가 없다고 판단하고 전격적으로 수능을 폐지했다. 그렇다면 국제 바칼로레아를 통해 일본이 얻으려는 것은 무엇일까?

'소통, 협력, 비판적 사고력, 창의력'

2016년 다보스포럼 의장 클라우스 슈밥이 4차 산업혁명 시대의 진입을 선언하면서 핵심적 교육 가치로 밝힌 것과 똑같다. 이제 일본의 교실 풍경은 바뀌었다. 교사를 중심으로 학생들이 정렬해 앉아 있는 모습은 사라졌다. 이제 그들은 친구와 3~4명씩 짝을 이뤄 대화와 토론을 한다. 교사의 역할은 강의자에서, 대화와 토론을 활성화시키는 촉진자로 바뀌었다. 과연 일본의 아이들에게는 어떤 변화가 생길까?

친구들과 대화하고 토론하려면 경청을 해야 하니 배려심이 생긴다. 대화를 많이 하니까 소통이 된다. 토론을 위해 적절한 순서를 정하고 자신의 발언 시간을 조절해야 하니 협력이 싹튼다. 친구의 이야기를 듣고 의견을 말해야 하니 비판적 사고력이 생겨난다. 비판적 사고력은 자연스럽게 새로운 것을 떠올리는 창의력으로 연결된다. 일본이 국제 바칼로레아를 도입한 이유다.

일본은 또한 초등학교 1학년 교실에서부터 하버드대학교의 수업 방식을 따른다. 하버드대학교의 수업 방식은 3가지로 요약된다. 바로 '글쓰기, 대화하기, 토론하기'다. 이 세 가지가 비판적 사고력과 창의력을 키우는 데 가장 효과가 크기 때문이다.

한국도 곧 수능이 폐지되고 국제바칼로레아가 대입 시험으로 도입되지 않을까?

비판적 사고력을 키우기 위해서는 다른 사람의 생각을 자주 들어야 한다. 그리고 자신의 생각을 자꾸 말해 봐야 한다. 말로 설명하지 못하는 것은 모르는 것이나 마찬가지다. 머릿속에만 맴돌던 생각들은 입 밖으로 나와야 내 것으로 정리된다.

아빠: 오늘은 '비판적 사고력' 얘기하기로 했지? 찬유는 '호두' 사진을 골랐네. 찬유가 고른 사진부터 얘기해볼까? 1번 질문이 뭐야?

아들 "호두껍데기가 단단하지 않다면 안 좋은 점은 무엇일까요?"

엄마 뭘까?

아들 자기가 잘 먹히겠지.

아빠 호두가 잘 먹혀? 누구한테?

아들 '새' 종류.

아빠 좋은 얘기다. 그럼 호두껍데기는 왜 딱딱하게 됐을까?

아들 호두껍데기가 단단하지 않으면 새들에게 먹히기 때문에 진화한 거지.

아빠 그런데 호두를 새만 먹겠어?

아들 사람도 있고, 원숭이도 있어.

아빠 호두처럼 겉이 딱딱한 게 또 뭐가 있지?

엄마 코코넛.

아빠 그러네. 그런 것들은 껍데기가 딱딱한 이유가 있을 것 같아. 찬유 말
대로 딱딱하지 않으면 동물들이 다 먹어버리니까. 근데 껍데기가 없
는 것도 있나?

딸 당근!

아빠 당근은 껍질이 있지 않나?

엄마 당근, 무, 이런 거는 껍질과 속살이 한 몸이라고 볼 수 있지.

아빠 껍질과 속살을 구분하는 기준이 뭘까?

딸 색깔로 구분하는 것 같아. 사과를 보면 껍질과 속살 색깔이 달라. 당
근은 똑같고.

엄마 그러네. 당근은 푹 삶아도 껍질이 까지거나 그러지는 않아. 지유가 잘
얘기했네.

아빠 그러면 껍질이나 껍데기가 왜 있을까?

아들 자기를 보호하려고.

아빠 그렇지. 모든 식물과 동물들은 자기 생존 욕구가 있잖아. 생물의 가
장 큰 욕구는 뭐야?

딸 생존.

아빠 그렇지. 생존 욕구가 있으니까 식물들도 자기 몸을 보호하기 위한 방
법을 찾는 것 같아. 동물들 중에 잡아먹히지 않기 위해 자기 보호막
을 치는 동물들은 뭐가 있을까?

딸 카멜레온.

아빠 좋아. 그런 측면에서 사람은 어때?

아들 사람도 비슷해. 옷을 입잖아.

아빠 그렇지. 보호색 옷을 입는 사람도 있나?

딸   있어. 군인이 그래!

찬유가 고른 호두 사진과 '호두껍데기가 단단하지 않다면 안 좋은 점은 무엇일까요?'라는 질문 하나로 우리 가족은 40분 이상 대화를 나누었다. 껍데기에서 시작한 대화는 꼬리에 꼬리를 물고 생물의 자기 방어 본능, 보호색, 그리고 사람의 본능과 진화까지 이어졌다. 그사이에 아이들은 식물과 동물이 사람과 같으면서도 다르다는 세상의 원리를 자연스럽게 배울 수 있었다.

···· 아이와 함께 지혜톡톡 ····

– 스마트폰 앱스토어에서 '지혜톡톡' 앱을 무료 다운
로드 받은 후 이용 가능합니다.

지혜톡톡 앱 활용법

1 지혜톡톡 앱을 열고 '비판적 사고력' 키워드를
선택한다.
2 각자 마음에 드는 사진을 하나씩 고른다.
3 아이에게 왜 그 사진을 골랐는지 물어보고
대화한다.
4 사진과 함께 제시된 3개의 질문을 아이에게
하나씩 물어보며 대화한다.
5 부모가 고른 사진으로 질문과 대화를 나눈다.

* 지혜톡톡 앱에 들어가면 더 많은
사진과 질문이 있답니다.

① 이 사진을 볼 때 어떤 기분이 들었나?

② 무늬의 배경이 파란색에서 빨간색으로 바뀐다면 어떤 기분이 들까?

③ 어떤 색과 어떤 색이 가장 잘 어울리는가? 가장 어울리지 않는 색은
어떤 색인가?

① 사진 속 인물은 산을 오르며 무슨 생각을 했을까?

② 만약 풍경을 바꿀 수 있다면 어떤 풍경으로 바꿀 것인가?

③ 사람과 산은 어떤 관계인가?

① 사진 속의 사람은 왜 혼자 있을까?

② 사진의 배경은 어디일까? 왜 그렇게 생각했는가?

③ 내가 사진의 신발만큼 작아진다면 어떤 점이 좋을까? 그리고 어떤 점이 불편할까?

① 바닷가의 모래 입자가 지금보다 커진다면 어떤 일이 일어날까?

② 파도가 쳐서 좋은 점은 무엇일까? 반대로 나쁜 점은 무엇일까?

③ 사진 속 소라를 색칠한다면 어떤 색으로 칠하고 싶나? 그 이유는 무엇인가?

① 둥지를 꽃밭이 아닌 바다에 지었다면 어떤 일이 일어났을까?

② 내가 새라면 어디에 둥지를 짓고 싶나? 그 이유는 무엇인가?

③ 나뭇가지를 제외하고 또 어떤 재료로 둥지를 지을 수 있을까?

① 사진 속 하트 모양 컵의 장점은 무엇일까? 반대로 단점은 무엇일까?

② 나만의 컵을 만든다면 어떤 모양의 컵을 만들고 싶나?

③ 마카롱과 커피와 커피콩의 관계는? 이 관계를 단어로 표현하면?

① 가면을 쓰고 사람을 만날 때의 장점과 단점은 무엇일까?

② 가면을 쓰고도 내 표정을 나타낼 수 있는 방법은 무엇일까?

③ 가면이 생긴 이유는 무엇일까?

문제 해결력은 문제를 해결하기 위해 여러 대안을 생각해내는 사고력과, 그중에서 가장 효과적인 방법을 선택하는 고도의 의사 결정이 융합된 역량이다. 문제 해결력을 키우는 데 가장 좋은 두 가지 방법은 대화와 경험이다.

06

문제 해결력

스스로 답을 찾는 힘

문제 해결력의 토대가 되는
대화와 토론

문제 해결력은 문제를 슬기롭게 푸는 능력이다. 세계에서 아이들이 가장 많은 문제를 풀고 있는 나라는 아마도 한국일 것이다. 매일 학원에서 끙끙대며 문제집을 풀고 있으니 말이다. 그러나 문제집을 많이 푼다고 해서 문제 해결력이 생겨나진 않는다. 문제집의 문제는 고등학교 졸업하면 거의 쓸모가 없다.

어느 날 스마트폰에 모르는 번호가 뜨며 전화가 왔다. 받아 보니 C과 대학생 학부모라고 했다.

"아이 성적이 B+ 나왔는데 왜 그런 거죠?"

당황스러웠지만 내색하지 않고 정중하게 물었다.

"그런데 왜 학생이 직접 전화하지 않고 부모님이 하신 거죠?"

"그게 무슨 상관이에요? 제가 학부모인데!"

순간 헷갈렸다. 내가 근무하는 곳이 초등학교인가? 대학교인가? 아마도 그 학생은 지금껏 살아오면서 자신의 문제를 스스로 해결한 경우가 거의 없을 테고, 부모가 살아 있는 한 앞으로도 쭉 그럴 것이다. 전화를 끊고 나서 그 학생이 정말 걱정되었다.

주입식 교육으로 자라는 한국의 아이들은 문제 해결력을 키우기가 정말 어렵다. 문제 해결력은 문제를 해결하기 위해 여러 대안을 생각해내는 사고력과, 그중에서 가장 효과적인 방법을 선택하는 고도의 의사 결정이 융합된 역량이다. 문제 해결력을 키우는 데 가장 좋은 두 가지 방법은 대화와 경험이다.

거의 모든 수업이 대화와 토론으로 이루어지는 유럽 국가에서는 수업이 곧 문제 해결력을 키우는 과정이 된다. 교사가 문제를 제시하면 학생들은 친구들과 대화하며 여러 답의 장단점을 분석하고 가장 좋은 답을 제시한다. 이런 교육을 10년 이상 받으면 문제 해결력이 눈에 띄게 향상된다. 그러나 한국의 학교는 이런 교육을 하지 않기 때문에 집에서 할 수밖에 없다.

아이가 스스로 답을 찾도록
기다려야 한다

찬유가 7살 때 일이다. 대형마트에 갔다가 찬유를 잃어버렸다. 처음에는 '금방 보이겠지' 하면서 느긋하게 찾아보았다. 그런데 20분이 지나도록 아이가 보이지 않자 식은땀이 흐르기 시작했다. 그때 "김찬유 부모님은 지금 빨리 고객센터로 오세요"라는 안내 방송이 들렸다. 뛰어가 보니 찬유가 멀뚱멀뚱 앉아 있었다.

안도의 한숨을 내쉬며 찬유에게 물었다.

"너 어떻게 여기에 왔어?"

"아빠 찾다가 안 보여서 고객센터로 왔어. 여기 아줌마한테 아빠 잃어버렸다고 방송해달라고 한 거야."

"고객센터는 어떻게 알고 왔어?"

"지난번에 아빠랑 이야기했던 거 기억 안 나?"

기억을 더듬어 보니 지난번 워터파크 갔을 때 부모를 잃어버린 아이를 찾는 방송이 들려서 찬유에게 질문을 했던 기억이 났다.

"찬유야! 너 이런 데 와서 엄마 아빠 잃어버리면 어떻게 해야 돼?"

"그 자리에 가만히 있어야 돼."

"시간이 한참 지났는데도 엄마 아빠가 안 오면?"

"……." (대답 못 함)

"이런 데 오면 일하는 직원들이 있잖아? 그분들한테 찾아가면 돼."

"아빠, 그런데, 찾아가서 뭐라고 말해?"

"뭐라고 말하면 좋을까?"

"엄마 아빠 잃어버렸다고 말해?"

"그렇지. 그런데 그 사람들은 네가 누구인지 모르니까 어떻게 해야 돼?"

"내 이름을 이야기해야지."

"맞아. 그리고 엄마 아빠가 듣게 방송해달라고 말하면 더 좋겠다."

찬유는 그때의 대화를 까먹지 않고 있었다. 갑자기 닥친 위기를 슬기롭게 해결하는 힘이 그동안 해온 질문과 대화에서 나온 것이다. 아이가 모든 경험을 해볼 수는 없지만, 부모가 질문하고 아이가 스스로 답을 찾도록 도와주면 아이의 문제 해결력이 쑥쑥 자랄 수 있다.

무엇을 모르는지 깨달아야
문제 해결에 나서게 된다

소크라테스는 아테네 광장에서 강의를 하지 않았다. 그저 지나가는 청년들을 붙잡고 말꼬리를 잡는 질문을 던졌다. 질문을 통해 스스로 삶의 진리를 찾도록 도운 것이다. 예를 들면 이런 식이다.

"지금 자네 기분이 어떤가?"(소크라테스)

"우울합니다."(트리시마코스)

"우울하다는 것은 무엇인가?"(소크라테스)

"침울하다는 것입니다."(트리시마코스)

"침울하다는 것은 무엇인가?"(소크라테스)

"기분이 더럽다는 것입니다."(트리시마코스)

"기분이 더럽다? 그것은 무엇인가?"(소크라테스)

"모르겠습니다."(트리시마코스)

기분이 우울하다고 말했던 트라시마코스는 소크라테스의 꼬리를 무는 질문에 답을 하면서, '나는 사실 우울이 무슨 뜻인지도 모르고 있다'는 사실을 깨닫게 되었다. 바로 무지의 자각이 이루어진 것이다! 그렇게 내가 무엇을 모르는지 스스로 알게 되면, 그때부터 자신이 모르는 것을 알고자 하는 구체적인 노력이 시작된다.

'질문을 통해 무지를 자각하고, 스스로 참된 진리를 찾아가는 것'

그래서 소크라테스가 위대한 것이다. 자신이 모르고 있는 것을 스스로 깨닫게 되는 가장 쉬운 방법은 질문을 받는 것이다. 질문에 답을 하다보면 내가 아는 것과 모르는 것을 정확히 구분할 수 있다. 또한 자신이 모르고 있다는 사실을 알게 되는 순간, 문제를 해결해보려는 마음이 생겨난다. 부모와 아이가 대화로 풀다보면 어느새 아이의 문제 해결력이 커지기 시작한다. 아이의 슬기로운 생활을 위한 문제 해결력! 지금 당장 시작해보자.

아빠 지유는 불이 올라오는 사진을 골랐네. 질문이 뭐야?

딸 "우리 집에 불이 난다면 어떻게 해야 할까?"

딸 먼저 소화기로 불을 꺼야 돼.

아들 우리 집 소화기 어디에 있어?

엄마 신발장에 있어.

아들 그럼 신발장에 가보자.

우리 가족은 신발장 주변을 한참 찾다가 까만 비닐에 싸여 있는 소화기를 어렵게 발견했다. 아내가 정성스럽게 포장을 해놓았던 것이다.

아빠　소화기 위치를 거실로 바꿔야겠다.

엄마　그건 좀…….

아들　그런데 소화기 어떻게 쓰는 거야?

아빠　아빠는 군대에서 배웠어. 이래서 남자는 군대를 가야 돼. 하하. 자! 먼
　　　저 안전핀을 뽑아야지. 지유하고 찬유가 안전핀이 어디 있는지 찾아
　　　봐. (아이들이 찾음) 그 동그란 구멍에 손가락을 넣어서 세게 당기면 빠
　　　지는 거야. 그 다음은 뭘 해야 되지?

딸　　호스를 조준해야 돼.

엄마　오! 지유, 어떻게 알았어?

딸　　학교에서 배웠어.

아빠　그래 맞아! 두 번째는 호스를 불이 난 곳에 잘 조준해야 돼. 그다음
　　　은 뭘까요?

아들　여기 있는 손잡이를 누르면 되나?

아빠　딩동댕! 그럼 지유가 처음부터 설명해봐.

딸　　1번 안전핀을 뽑는다. 2번 호스를 잡아서 조준한다. 3번 손잡이를 누
　　　른다.

아빠　좋아! 찬유가 소화기로 불 끄는 방법 다시 설명해볼까?

아들　안전핀 뽑고 여기를 잡고 불이 난 곳에 조준해서 손잡이를 강하게 누
　　　른다.

아빠　(하이파이브) 여기 설명서도 있네. 아빠가 설명한 거랑 똑같다. 소화기
　　　를 점검하는 방법도 있어. 소화기를 들어 반대로 뒤집으면 가루 떨어

지는 소리가 들려. 어? 이건 소리가 안 나네. 뭐가 이상하다. (소화기를 자세히 살펴보며) 아! 이건 압력식인가 봐. 여기에 압력 게이지 점검창이 있네. 여기 봐 봐. 지금 압력 게이지가 무슨 색깔에 와 있어?

아들 초록색!

아빠 이 게이지가 초록색에 있어야 정상이야. 만약 빨간색에 와 있으면 소화기 고치는 가게에 가서 고쳐야 돼. 그런데 불이 밖에서 났어. 그럴 때는 어떻게 하면 좋을까?

아들 전화해야 돼.

엄마 그때는 빨리 대피하는 게 우선이야. 대피할 때 엘리베이터 타면 되니?

딸 안 돼. 학교에서 배웠어. 계단으로 가야 돼.

아빠 비상계단 문을 열었어. 그 다음 문을 열어놔야 하나? 닫아야 하나?

딸 열어놔야 돼. 그래야 다른 사람이 들어올 수 있어.

아빠 아니야. 문을 열어놓으면 뭐가 들어와?

아들 독가스!

아빠 가스에 질식할 수도 있지만 비상계단으로 불이 들어올 수 있기 때문에 문을 닫아야 되는 거야.

엄마 그리고 가능하면 수건에 물을 적셔서 코와 입을 막고 대피해야 해.

아빠 다행해 1층으로 내려왔어. 그다음엔 뭘 해야 돼?

딸 소방서에 신고해야 돼.

K-하브루타로 다 같이 불 끄는 방법을 제대로 배웠다. '우리 집에 불이 난다면?'이라는 질문에서 시작된 문제 해결 대화는 신발장에서

잠자고 있던 소화기를 깨웠다. 아이들은 소화기 사용법을 익히고, 실제로 불이 났다는 가정 하에 여러 상황에 따른 대처법을 배웠다.

···· 아이와 함께 지혜톡톡 ····

– 스마트폰 앱스토어에서 '지혜톡톡' 앱을 무료 다운
로드 받은 후 이용 가능합니다.

지혜톡톡 앱 활용법

1 지혜톡톡 앱을 열고 '문제 해결력' 키워드를
선택한다.
2 각자 마음에 드는 사진을 하나씩 고른다.
3 아이에게 왜 그 사진을 골랐는지 물어보고
대화한다.
4 사진과 함께 제시된 3개의 질문을 아이에게
하나씩 물어보며 대화한다.
5 부모가 고른 사진으로 질문과 대화를 나눈다.

* 지혜톡톡 앱에 들어가면 더 많은
사진과 질문이 있답니다.

① 사진 속 동물은 왜 혼자 있을까?

② 말이 아프다면 어떻게 해야 할까?

③ 길에서 어린 동물을 발견하면 어떻게 해야 할까?

① 누가 사과를 버리고 간 걸까?

② 사람들이 우리 학교 앞에 계속 쓰레기를 버린다면 어떻게 될까?

③ 길에 쓰레기를 버리는 친구가 있다면 어떻게 말해줘야 할까?

① 우주에 간다면 무엇을 하고 싶은가?

② 우주에서 외계인을 만난다면 어떻게 하는 게 좋을까?

③ 외계인과 어떻게 친해질 수 있을까?

① 파도가 심하게 치는 날 친구가 수영을 하자고 하면 어떻게 할까?

② 수영을 하고 나온 친구가 쓰러지면 어떻게 해야 할까?

③ 캠핑을 가서 비가 오면 어떻게 하는 게 좋을까?

① 사진 속 사람은 어떤 생각을 하고 있는 걸까?

② 친구가 고민으로 힘들어할 때, 어떻게 도와줄 수 있을까?

③ 다른 사람에게 말 못할 고민으로 힘들 때는 어떻게 하면 좋을까?

❶ 신발 주인의 기분은 어떨까?

❷ 누가 음식을 흘리고 치우지 않아 내가 밟게 된다면 기분이 어떨까?

❸ 급식실에서 이동하다 음식을 흘렸다면 어떻게 해야 할까?

❶ 어린 동생이 배가 고프다고 하면 어떻게 해야 할까?

❷ 동생이 화나게 할 때 싸우지 않고 해결할 수 있는 방법은 무엇일까?

❸ 동생이 잘못된 지식을 가지고 자꾸 우기면 어떻게 해야 할까?

창의력을 완성하기 위해 필요한 핵심 역량은 세 가지가 있다. 비판적 사고력과 문제 해결력, 그리고 AI 시대에 떠오르는 문제 발견력이다. 문제 발견력은 비판적 사고력과 문제 해결력보다 한층 높은 사고력을 요구한다.

07

문제 발견력

......

새로운 시선으로 스토리 만들기

창의력을 완성하는
세 가지 핵심 역량

창의력을 완성하기 위해 필요한 핵심 역량은 세 가지가 있다. 비판적 사고력과 문제 해결력, 그리고 AI 시대에 떠오르는 문제 발견력이다. 비판적 사고력은 어떤 문제를 남과 다른 생각으로 바라보는 힘이고, 문제 해결력은 이미 나와 있는 문제를 해결하는 능력이다. 그렇다면 문제 발견력은 뭘까? 말 그대로 눈에 보이지 않는 문제를 발견해내는 능력이다.

도구를 주로 쓰던 농경 시대에는 비판적 사고력만 있어도 살아가는 데 어려움이 없었다. 그러다 기계가 등장한 산업화 시대에는 수많은 문제가 생겨났고 문제 해결력이 필요했다. 그런데 AI가 등장한 4차 산업혁명 시대에는 보이지 않는 문제를 발견해야 하는 문제 발견력이 중요해졌다. 새롭게 떠오르고 있는 문제 발견력은 비판적 사고력과 문제 해결력보다 한층 높은 사고력을 요구한다.

구글 등 AI를 연구하는 세계적 기업들은 AI가 인간을 앞서는 시점을 2029년으로 예상하고 있다. 원래는 2045년이었으나 AI가 나날이 진화하면서 계속 앞당겨지고 있다. 이제는 인간지능과 인공지능이 경쟁하는 시대가 왔다.

AI는 이미 인간의 일자리를 빠르게 대체하고 있다. 호텔에서 요리를 만드는 AI 요리사, 서빙을 하는 AI 점원, 무인 편의점을 관리하는 AI 점장, 24시간 언론 기사를 쏟아내는 AI 기자, 혼자 사는 솔로를 위한 AI 애인, 주인과 교감하고 대화를 나누는 AI 반려견, 화재 현장을 수색하고 구조 활동을 펴는 AI 소방관, 환자의 치료 빅데이터를 학습해 정확한 처방을 내리는 AI 의사까지, 이미 우리 생활 곳곳에 들어와 있다.

IBM은 AI 의사 왓슨을 개발해 세상을 놀라게 했다.

'당신은 왓슨의 처방전을 신뢰하는가? 인간 의사의 처방전을 더 신뢰하는가?'

이런 물음을 던지지 않을 수 없었지만, 결과는 왓슨의 일방적 승리로 끝났다. 지금은 세계의 수많은 의사와 환자가 빅데이터로 무장한 왓슨의 처방을 따른다. 왓슨은 우리가 잠든 시간에도 끊임없이 학습을 하고 있기 때문에 방대한 양의 치료 사례와 치료 방법을 정확히 알고 있다. 무엇보다 오류가 적다. 그러나 인간은 어떤가? 중국의 화타 같은 전설적인 명의가 살아 돌아온다 해도 치료 경험과 지식은 인간의 뇌 용량을 벗어나지 못할 것이다.

지식의 시대에서
지혜의 시대로

그렇다면 AI보다 인간이 우수한 영역은 없는 걸까? 그게 바로 문제 발견력이다. 문제를 발견해내려면 지식보다 지혜가 필요하다. AI는 나무를 보지만 인간은 숲과 나무를 동시에 볼 수 있다. 현상과 사물을 깊고 넓게 아우르는 융합적 사고가 문제 발견력의 핵심이다. 문제 발견력은 특정 분야에서 인간보다 우수한 능력을 갖고 있는 AI라 해도 가질 수 없는 능력이다.

인간은 살면서 보고 듣고 느끼며 삶의 경험을 축적해 여러 방면의 다중지능을 가지고 있다. AI는? 아직까지는 없다. 전문가들은 AI가 유일하게 인간을 대신할 수 없는 영역이 문제 발견력이라고 주장하고 있다. 그래서 요즘 문제 발견력이 대접을 받는다. 우리는 AI로 인해 발생하는 실업, 인간과 AI의 경계선 등 다양한 사회 문제를 직관적으로 발견해내고 있다.

그렇다면 우리 아이의 문제 발견력은 어떻게 키울 수 있을까? 서울대학교 학생들의 이야기에서 힌트를 얻을 수 있다.

"과제 주제를 잡는 방법은 일단 그 주제에 대해서 아무거나 말을 시작해보는 거예요. 친구와 함께 이런 거 재미있지 않을까 하고 얘기하다 보면 나오는 게 되게 많아요. '아! 이거 괜찮네. 이거 가지고 좀 더 생각을 해볼까?' 하면서 주제를 잡아가는 거죠. 혼자서 고민하는 것보다 이렇게 다른 친구랑 하는 방법이 훨씬 효과적인 것 같아요."

(서울대학교 인문대학 이호정)

"주변에 물어볼 때 저와 다른 관점을 가진 사람들과 대화하는 게 중요해요. 제가 주로 물어보는 친구들이 서너 명 정도 있는데 저와 성향이 완전 달라요. 전혀 관점도 다르고. 그게 저한테는 정말 큰 도움이 돼요. 저랑 다른 생각을 가진 사람들과 소통을 해야 제 생각이 커지는 것 같아요."(서울대학교 사회과학대학 이정현)

— 《서울대에서는 누가 A+를 받는가》(이혜정, 2014)에서

대화와 토론으로 키워주는 문제 발견력

새로운 과제를 찾아낼 때에는 문제 발견력이 필요하다. 서울대학교를 다니는 두 학생은 친구들과 대화를 하면서 찾는 것이 가장 효과적이었다고 말했다. 친구들과 대화를 나누면서 전혀 다른 생각이 융합되어 문제를 발견한 것이다.

그러나 보통의 한국인은 집에서는 침묵의 밥상을, 학교에서는 조용한 교실을 미덕으로 여기기 때문에 문제 발견력을 키우기 어렵다. 게다가 중고등학교의 주입식 교육은 타인의 생각을 아이에게 집어넣는 교육이다. 뇌는 한계 용량이 있기 때문에 많이 집어넣으면 기존의 것을 지워버린다. 시간이 지나면 남는 게 없으니 쓸데없는 공부다. 반대로 대화와 토론식 교육은 자신의 생각을 끄집어낸다. 자꾸 끄집어내니까 계속 새로운 것이 생겨난다. 이게 습관이 되면 아이디어 뱅크가 되는 것이다.

〈쥬라기 공원〉을 비롯해 수많은 흥행작을 만든 영화감독 스티븐 스

필버그는 유대인이다. 그는 성공 비결을 묻는 인터뷰에 "부모님은 언제나 내 이야기를 재미있다고 격려해주셨다"라고 답했다. 스티븐 스필버그의 부모님은 아이의 말을 경청하고, 질문하고, 격려해준 것밖에 없다 하고, 스티븐 스필버그는 부모님 덕분에 날마다 세상에 없는 새로운 이야기를 만들 수 있었다고 한다.

이쯤이면 눈치를 챘을 것이다. 서울대학생과 스티븐 스필버그의 말이 다른가? 아니다. 그들은 똑같은 말을 했다. 대화와 이야기를 통해 새로움을 끄집어내는 것. 그게 바로 문제 발견력의 핵심이다.

아빠 지혜톡톡 앱 열고, '문제 발견력' 편에 들어가서 마음에 드는 사진을 하나씩 골라보자. (5분 지나서) 아빠는 손바닥 지도 사진 골랐어. 각자 고른 거 얘기해볼까?

엄마 난 자동 선택 버튼 잘못 눌러서 달팽이가 골라졌어. 근데 너무 귀여워.

딸 난 피자 사진!

아들 난 파도 사진!

아빠 좋아! 그럼 자기가 고른 사진을 가지고 여기 있는 종이에 짧은 이야기를 지어보자. 어떤 이야기도 괜찮아. 이야기를 다 지으면 이야기에서 문제도 하나 만들고. 알았지? (15분 뒤) 다한 것 같네. 그럼 찬유 이야기 먼저 들어볼까? 이야기 제목이 뭐야?

아들 제목은 '상어와 술래잡기하는 서핑어'야. 이야기 들어봐.

오늘도 서핑어는 상어를 불러 술래잡기를 하고 있었다. 그리고 몇 시간이 지난 후 상어가 배가 고프다고 말했다. 그러자 서핑어는 말했다.

"날 잡아먹어."

상어가 자연스럽게 서핑어를 꿀꺽 삼켰다. 그런데 갑자기 하늘에서 서핑어가 떨어져 상어에게 물장구를 쳤다. 서핑어가 죽으면 다시 하늘에서 떨어져 새 삶을 사는 것이다.

"상어야! 이제 네 배가 불렀으니 다시 술래잡기를 하자!"

상어는 "그래!"라고 대답했다.

그리고 한참 동안 또 술래잡기를 하다가 이제 헤어질 시간이 돼서 각자 집으로 돌아갔다. 서핑어는 힘들었다는 듯이 잠을 곤히 잔다. 서핑어는 상어를 좋아해 자기 방에 상어 사진들을 많이 붙여놓았다. 서핑어는 오늘도 상어들과 노는 꿈을 꾼다.

엄마 와! 찬유 이야기 너무 좋다. 한 편의 영화 같다.

아빠 문제는 뭐야?

아들 "어떻게 상어들과 친구가 될 수 있을까?"

엄마 상어한테 친한 척해.

아빠 친한 척을 어떻게 하지? 친한 척하러 갔는데 상어가 위협을 느끼고 잡아먹을 수도 있잖아.

아들 위협을 느끼는 게 아니라 상어는 원래 공격성이 있어서 앞에 있으면 뭐든지 공격하려고 해.

아빠 그러면 어떻게 친해질 수 있어?

아들 상어 언어를 배워.

아빠 오! 찬유가 좋은 얘기를 했네. 언어를 배워서 뭐해?

아들 소통을 하는 거지.

아빠 아하! 대화를 하는 거야? 뭐라고 할 거야?

아들 같이 놀자!

아빠 그거 좋은 방법이네. 또 뭐가 있을까?

아들 상어 인형을 만들고, 거기에 번역 기능을 넣어. 그걸 쓰고 물에 들어
가서 상어랑 이야기하는 거야.

아빠 굿 아이디어다. 진짜 그런 게 있으면 좋겠다. 이제 지유 이야기 들어
볼까? 제목 말하고 이야기해줘.

딸 제목은 '누가 피자를 몰래 먹었을까?'야.

피자를 시켰는데 한 조각이 없다. 누가 이미 한 조각을 먹은 것이다. 이게 도대체 어떻게 된 일일까? 범인을 색출해야 하는데 같이 돈을 모아서 시킨 친구들은 모두 아니라고 말한다. 그런데 의심이 가는 친구가 한 명 있다.

그 친구의 이름은 코코몽인데 피자를 정말 좋아한다. 그 친구 입 주변에 피자 소스가 묻어 있다. 그래서 더더욱 의심이 간다. 하지만 코코몽은 피자를 먼저 먹은 사람은 자신이 아니라고 말한다. 코코몽은 발뺌을 하고 있는 것인가? 아니면 진짜 범인인 것인가?

우리 가족은 지유가 만든 '누가 피자를 몰래 먹었을까?' 이야기를 듣고, 한참 동안 함께 범인을 찾았다. 과연 입 주변에 피자 소스가 묻었다는 이유만으로 범인으로 단정 지을 수 있을까 하고 말이다. 찬유는 코코몽이 피자를 몰래 먹었다면 오히려 친구들한테 들키지 않으려고 입을 깨끗이 닦았을 거라고 말하기도 했다.

아이들의 이야기는 한 편의 동화로 손색이 없었다. 모든 아이는 이야기꾼임을 새삼 깨닫는 시간이었다. 아이들은 호기심과 상상력이 충만하다. 아이가 마음껏 이야기할 수 있도록 부모가 귀를 기울여주고 칭찬만 해줘도 스스로 새로운 이야기를 만들어낸다. 다만 부모가 아이의 능력을 모르고 지나칠 뿐이다. 지혜톡톡의 문제 발견력으로 아이의 스토리텔링 잠재력을 깨워보자!

···· 아이와 함께 지혜톡톡 ····

– 스마트폰 앱스토어에서 '지혜톡톡' 앱을 무료 다운
로드 받은 후 이용 가능합니다.

지혜톡톡 앱 활용법

1 지혜톡톡 앱을 열고 '문제 발견력' 키워드를
선택한다.
2 각자 마음에 드는 사진을 하나씩 고른다.
3 자신이 고른 사진을 보면서 스토리를 만들고,
이야기를 들려준다.
4 자신이 만든 스토리에서 문제를 만들고, 함께
해결 방안을 나눈다.

* 지혜톡톡 앱에 들어가면 더 많은
사진과 질문이 있답니다.

인류의 지혜를 담고 있는 속담으로 아이와 대화를 나누면 훌륭한 밥상머리 인문학이 된다. 어떻게 해야 즐겁고 알차게 대화할 수 있을까? 아주 간단한 방법이 있다. 속담의 문장을 질문형으로 바꿔보는 것이다.

08

속담

밥상머리 인문학의 새로운 발견

아끼는 사람에게
알려주고 싶은 삶의 지혜

속담을 생각하면 우리 할아버지가 생각
난다. 할아버지는 주변에 무슨 일이 벌어질 때마다 상황에 딱 맞는 속
담을 구수한 사투리로 들려주시곤 했다. 상황을 한방에 정리하는 할
아버지의 속담은 재미있기도 했지만 한마디 한마디에 깊은 배움이 있
었다.

시골에서 학교도 제대로 다니지 않은 할아버지가 어떻게 그 많은
속담을 알고 계셨을까? 아마도 할아버지의 할아버지에게 들었을 것이
다. 리처드 도킨스는 이것을 '밈(meme)'이라고 했다. 밈은 쉽게 말해서
'생각 DNA'이다. 눈에 보이지 않는 생각이 생물 유전자인 DNA처럼
대대로 전해 내려오는 것이다. 할아버지의 속담이 나에게 전해졌고,
나는 우리 아이들에게 전해주고 있다. 우리 아이들이 자라면 또 그들
의 손자와 손녀에게 전할 것이다. 인류의 가장 강력한 밈 중 하나가

바로 속담이다. 책이나 컴퓨터 등 기록 매체가 없던 그 옛날에도 사람들의 입에서 입으로 전파되어 지금까지 살아 있는 속담!

속담의 역사는 길고도 길다. 아마도 사람이 모여 살면서 속담의 역사도 시작되었을 것이다. 좌충우돌하며 실수한 경험, 시련을 통해 깨달은 삶의 진리, 위험을 피하고 잘사는 방법을 사랑하는 자녀에게, 친구에게 알려주고 싶은 게 사람의 본성이다. 속담은 사람들의 생각, 경험, 지식을 맛깔나게 버무려놓았다. 짧은 말 한마디에 삶의 지혜를 듬뿍 담고 있다.

속담 하브루타를 위해 세계 여러 나라의 속담을 살피다 보니 두 가지 특별한 발견도 있었다. 하나는 강대국일수록 속담이 풍부하다는 것이다. 지식과 지혜를 전파하는 도구로 속담을 사용했기 때문이다. 또 다른 하나는, 나라가 달라도 속담은 거의 같다는 것이다. 사람이 살면서 필요한 삶의 지혜는 어디서나 비슷하기 때문일까?

속담은 삶의 방향을 알려주는 나침반이 되기도 한다. 누가 인위적으로 만들어 퍼뜨린다고 속담이 되는 게 아니다. 속담은 재미, 경험, 시련, 실패, 깨달음이 어우러진 말에 시간이 더해지며 익어간다. 그렇게 익어 사람들 속에 퍼진 속담은 언어의 역사에서 가장 오래 살아남았다.

지금 이 순간에도 수많은 말들이 생겨나고 소멸한다. 필요하면 만들어지고, 필요 없으면 사라지는 게 말이다. 내가 어릴 때 쓰던 공중전화, 주산, 삐삐 같은 말은 이제 쓰지 않는다. 필요하지 않으니 버림받은 것이다. 그러나 속담은 우리에게 필요하기 때문에 계속 살아 있다.

속담은 인간 세상의 원리를 담고 있다. 직접적으로 표현하지 않고 은근해서 더 매력이 있다. 오히려 마음속으로 자꾸 질문이 일어난다.

'왜 그럴까?' 하고 말이다. 곱씹어 생각하니 생각이 깊어지고 마음이 단단해진다. 속담으로 아이들과 이야기를 나누다보면 어떻게 살아야 할지 슬기로운 답이 나온다.

속담으로 체험하는
색다른 인문학 대화

인류의 지혜를 담고 있는 속담으로 아이와 대화를 나누면 훌륭한 밥상머리 인문학이 된다. 우리 아이에게 삶의 지혜를 듬뿍 선물하고 싶다면 속담으로 대화를 나눠보자. 어떻게 해야 즐겁고 알차게 대화할 수 있을까? 아주 간단한 방법이 있다. 아래처럼 속담의 문장을 질문형으로 바꿔보는 것이다.

- 개천에서 용 난다 → 개천에서 용이 날까?
- 금강산도 식후경 → 금강산도 식후경일까?
- 뛰는 놈 위에 나는 놈 있다 → 뛰는 놈 위에 나는 놈 있을까?
- 보기 좋은 떡이 먹기도 좋다 → 보기 좋은 떡이 먹기도 좋을까?
- 말 한마디에 천 냥 빚도 갚는다 → 말 한마디에 천 냥 빚도 갚을까?
- 개구리 올챙이 적 생각을 못 한다 → 개구리 올챙이 적 생각을 못 할까?
- 가는 말이 고와야 오는 말이 곱다 → 가는 말이 고와야 오는

말이 고울까?

- 사공이 많으면 배가 산으로 간다 → 사공이 많으면 배가 산으로 갈까?

어떤가? 속담의 끝을 질문으로 바꾸었을 뿐인데 제법 속 깊은 인문학 주제가 되었다. 속담에서 비롯된 질문들을 보면 쉬운 질문이 없다. 아이가 이런 질문을 받게 되면 깊게 생각해야 답을 내놓을 수 있다.

"속담이 지혜다!"

아빠 각자 속담 하나씩 골라볼까? 지유는 뭘 골랐어?

딸 "가는 말이 고와야 오는 말이 곱다"

아빠 좋아! 가는 말이 고와야 오는 말이 고울까?

딸 당연하지. 가는 말이 고와야 오는 말이 곱지. 누가 나한테 기분 나쁘게 말을 하면 나도 기분이 나빠져서 고운 말이 안 나가.

아들 맞아, 나도 그래. 아빠가 화나서 말하면 나도 기분이 안 좋아져. 그런데 아빠가 기분 좋게 말하면 나도 기분 좋게 말하게 돼.

아빠 이 속담에 담긴 속뜻은 뭘까?

딸 내가 먼저 고운 말을 써야 듣는 사람도 고운 말을 쓴다.

아빠 좋아! 그럼 이 속담에서 '간다'는 무슨 뜻일까?

아들 먼저 말하는 사람!

아빠 그럼 '온다'는 무슨 뜻일까?

아들 말을 듣는 사람!

아빠 그럼 가는 말이 먼저일까? 오는 말이 먼저일까?

딸 가는 말이 먼저야. 먼저 말을 하는 사람이 좋게 말해야 돼. 그래야 그 말을 들은 사람이 좋게 말을 하지.

아빠 아들은 어떻게 생각해?

아들 난 오는 말이 먼저야.

아빠 왜 오는 말이 먼저야?

아들 으음. (한참 생각하고 나서) 내가 좋은 말을 들어야 좋은 말이 나가기 때문에 그래. 그러니까 내가 좋은 말을 하려면 먼저 좋은 말을 들어야 하기 때문에 그래.

아빠 (하이파이브) 오! 그것도 맞는 말이다. 아빠와 엄마가 너희들한테 부드럽고 사랑스러운 말을 자주 해주면 너희들도 그런 말을 쓰겠지. 아빠 초등학생 때 생각이 나네. 욕을 잘하는 친구가 있었는데 그 친구랑 놀다 보니까 어느새 아빠도 욕을 배워서 쓰고 있더라고. 친구한테 영향을 받은 거지. 그런 측면에서 보면 찬유가 말한 게 맞아. 지유는 어떻게 생각해?

딸 친구들하고 놀 때 누가 이상하지만 재미있는 말을 쓰면 그게 유행처럼 돼서 같이 쓰면서 놀아. 그런데 그건 누가 먼저 시작을 했기 때문이잖아. 누군가 먼저 좋은 말을 쓰면 친구들도 좋은 말을 쓰기 때문에 난 가는 말이 먼저라고 생각해.

아빠 (하이파이브) 와! 논리적으로 잘 말했네. 지유 말을 들어보니까 가는 말이 먼저인 것 같다는 생각이 드네.

아빠 가는 말이 고운데 오는 말이 나쁠 수 있을까?

아들 있어! 엄마가 아침에 학교 가라고 좋은 말로 나를 깨워줬는데, 내가 짜증을 내서 엄마도 화낸 적이 있어.

아빠 그럼 그건 순서가 어떻게 되는 거야?

아들 엄마가 좋은 말을 나에게 했는데, 내가 짜증나게 말했고, 그래서 엄마도 짜증나게 말했어.

아빠 그럼 누구의 잘못이야?

딸 찬유 잘못이야. 가는 말이 좋았는데 오는 말이 나빴어. 그래서 그 뒤로는 가는 말이 나빠졌어.

아빠 좋아! 그럼 반대로 가는 말이 나쁜데 오는 말이 고울 수 있을까?

딸   응. 며칠 전에 내가 무슨 일 때문에 짜증이 나 있는데 엄마가 뭘 물어봤어. 내가 짜증나게 말했는데, 엄마가 '지유 무슨 일 있니?'라고 걱정해줘서 다시 엄마한테 부드럽게 말했어.

아빠   그렇구나. 가는 말이 고운 것도 중요하지만 오는 말도 고와야 된다는 생각이 드네. 지유 얘기를 들으니 가는 말이 좋지 않았지만 오는 말이 고우니까 다시 가는 말도 좋아졌잖아.

아빠   가는 말이 고우려면 어떻게 해야 할까?

아들   말을 할 때 기분 좋게 말해야 돼. 그러면 다른 사람도 기분 좋게 말하게 돼. 그리고 진심을 담아 말하면 좋아.

딸   화가 좀 나더라도 나부터 부드럽게 말하면 좋을 것 같아.

아빠   그럼 '한줄평' 해볼까?

딸   가는 말이든 오는 말이든 나부터 좋게 말하자!

아빠   (하이파이브) 지유가 말을 잘했네.

아들   말에 진심을 담으면 진심으로 돌아온다!

아빠   (하이파이브) 오! 좋은데? 아빠는 '말은 곧 사람의 마음이다!'

오늘은 아내 없이 아이들과 셋이서 속담으로 대화를 나눴다. 속담 하나로 30분 넘게 대화를 이어갔다. 속담을 질문으로 바꾸면 인문학이 된다는 걸 다시 한 번 느낄 수 있었다. 아이들은 내가 던지는 질문을 받아 깊게 생각하면서 자연스럽게 말의 중요성을 배웠다. 나 또한 평소에 아이들에게 함부로 말했던 것들을 떠올리며 반성했다. 속담으로 밥상머리 인문학을 제대로 한 것 같아 기분이 좋아졌다. 아이들의 얼굴도 대화 전보다 훨씬 밝아져 있었다.

싼 게 비지떡

뜻 무슨 물건이고 값이 싸면 품질이 좋지 못하다
질문 값싼 것이 비지떡일까?

가랑비에 옷 젖는 줄 모른다

뜻 재산 같은 것이 조금씩 조금씩 없어지는 줄 모르게 줄어 들어가는 것
질문 가랑비에 옷 젖는 줄 모를까?

남의 잔치에 감 놓아라 배 놓아라 한다

뜻 쓸데없이 남의 일에 간섭한다
질문 남의 잔치에 감 놓아라 배 놓아라 하는 친구를 어떻게 해야 할까?

내 코가 석 자

뜻 내 사정이 급해서 남의 사정까지 돌볼 수가 없다는 말
질문 내 코가 석 자여도 다른 사람을 도와야 할까?

병 주고 약 준다

뜻 일이 안 되도록 방해하고는 도와주는 척한다는 뜻

질문 병 주고 약 주는 친구를 어떻게 할까?

믿는 도끼에 발등 찍힌다

뜻 믿었던 일이 뜻밖에 실패한다는 말

질문 믿는 도끼에 발등 찍힐까?

백지장도 맞들면 낫다

뜻 아무리 쉬운 일이라도 혼자 하는 것보다 협력하여 하는 것이 훨씬 더 낫다

질문 백지장도 맞들면 나을까?

보기 좋은 떡이 먹기도 좋다

뜻 겉모양이 좋으면 속의 내용도 좋다

질문 보기 좋은 떡이 먹기도 좋을까?

세 살 버릇 여든까지 간다

뜻 어려서부터 좋은 버릇을 들여야 한다는 뜻

질문 세 살 버릇 여든까지 갈까?

아니 땐 굴뚝에 연기 나랴

뜻 반드시 원인이 있어야 결과가 생긴다

질문 아니 땐 굴뚝에 연기 날까?

열 번 찍어 안 넘어가는 나무 없다

뜻 여러 번 계속해서 애쓰면 어떤 일이라도 이룰 수 있다

질문 열 번 찍어 안 넘어가는 나무 없을까?

속담은 누가 만들었는지 알 수 없지만, 명언은 누가 한 말인지 알려져 있다. 대개 명언이 탄생한 배경도 함께 전해진다. 그래서 더 구체적으로 마음에 쏙 들어오는지도 모르겠다. 평소 내가 머릿속으로만 생각하던 것을 정확하게 표현한 말이기 때문이다.

09

명언

……

아이의 마음에 심어주는 삶의 지혜

마음에 들어와
꽂히는 한마디

2020년 아카데미 시상식! 한국 영화 〈기생충〉이 아카데미 작품상을 받으며 세계를 놀라게 했다. 비영어권 국가에서 만든 영화, 즉 영어가 아닌 외국어 영화가 오스카상을 받은 것은 〈기생충〉이 최초였다. 아카데미 작품상, 감독상, 각본상, 국제장편영화상을 한꺼번에 받으며 '4관왕'에 오른 봉준호 감독의 수상 소감은 그만큼 특별했다.

"어린 시절 영화를 공부할 때 책에서 본 한마디를 가슴에 새겼다.

바로 마틴 스코세이지 감독이 말한

'가장 개인적인 것이 가장 창의적인 것이다'라는 말이다."

봉준호 감독이 가슴에 새겼다는 그 말이 나에게도 와서 꽂혔다.

화가, 작가, 디자이너, 음악가, 예술가 등 항상 새로운 창작을 해야 하는 사람들이라면 '가장 개인적인 것이 가장 창의적인 것!'이라는 그 말을 절대 잊지 못할 것 같다. 시간이 흘러 아카데미 시상식의 감탄과 감동은 잊어버렸지만 그 말은 또렷이 기억난다. 평소 내가 머릿속으로만 생각하던 것을 정확하게 표현한 말이기 때문이다. 이런 것이 바로 '명언'이다.

속담은 누가 만들었는지 알 수 없지만, 명언은 누가 한 말인지 알려져 있다. 대개 명언이 탄생한 배경도 함께 전해진다. 그래서 더 구체적으로 마음에 쏙 들어오는지도 모르겠다.

고대 마케도니아의 지배자 알렉산더 대왕과 그리스의 철학자 디오게네스의 만남에 대한 유명한 일화가 있다. 약 2300년 전, 알렉산더 대왕이 정복 전쟁을 성공적으로 마치고 자신감이 가득할 때의 일이다. 디오게네스는 개를 스승으로 삼고 작은 통 속에 살고 있었다.

알렉산더 대왕은 디오게네스를 찾아가 큰 소리로 외쳤다.

"나는 세계를 정복한 알렉산더 대왕이다. 그대를 위해 무엇을 해줄까?"

디오게네스는 알렉산더 대왕에게 눈길도 주지 않은 채 대꾸했다.

"대왕이시여, 해를 가리지 말고 비키시오!"

가난하지만 내면의 충실한 삶을 추구하던 디오게네스는 당당했다. '해를 가리지 말고 비키라'는 말에 알렉산더는 큰 충격과 감동을 받았다. 햇빛 한줄기에 만족하는 삶을 살고 있었던 디오게네스는 가질수록 욕심을 부리는 인간의 탐욕을 한마디로 깨우쳐준 것이다. 알렉산더 대왕의 가슴에 꽂혔던 그 말은 후세에 전해져 명언이 되었다. 이후 알렉산더 대왕은 이런 말을 남기기도 했다.

"내가 알렉산더가 아니었다면 디오게네스가 되기를 바랐을 것이다!"

알렉산더 대왕의 이 말도 디오게네스의 말과 함께 명언으로 전해지고 있다. 2300년이 지난 오래된 이야기지만 우리는 명언으로 그때의 스토리를 기억하고 되새긴다. 그리고 깨달음을 얻는다. 이 모든 게 명언 덕분이다.

현명한 자의 행복과
어리석은 자의 행복

나는 지유와 찬유에게 명언이 주는 삶의 지혜를 알려주고 싶었다. 그래서 지혜톡톡에 수많은 명언을 담았고, 명언의 뜻을 되새길 수 있도록 질문으로 바꾸어놓았다. 명언으로 대화를 나누는 과정에서 아이는 세상을 보는 눈이 더욱 깊어질 것이다.

함께 나누고 싶은 명언은 수없이 많지만, 그중에서도 조선의 선비 김정희의 명언을 들려주고 싶다. 추사 김정희는 명망 있는 청나라 학자들도 줄을 서서 글을 받으려 했던 당대 최고의 서예가이자 학자였다. 그의 아버지 김노경은 판서(지금의 장관)를 6번이나 했고, 그 또한 높은 관직을 누렸던 권력자였다. 그러나 '권불십년 화무십일홍(權不十年 花無十日紅)'이라고, 권력은 10년을 못 가고 아름다운 꽃도 10일이 지나면 진다. 김정희는 권력투쟁에서 패배하고 11년 동안 유배 생활을 했다. 어느 날 죽음을 예감한 그는 유언과 같은 마지막 글을 남기고

홀연히 떠났다.

> "훌륭한 모임은 부부와 아들딸 손자면 족하다.
> 이것이 가장 큰 즐거움이다.
> 비록 허리에 커다란 황금인을 차고,
> 음식상을 한 길 높이로 차리더라도
> 이 맛을 즐길 수 있는 이는 과연 몇이나 될까?"
> – 김정희 –

김정희는 아무리 큰 권력을 가졌어도 그것이 가족과의 소소한 모임보다 못하다는 것을 알고 있었다. 세상의 희노애락을 모두 겪어본 그의 결론은 결국 가족과 함께하는 행복이었다. 그러나 김정희도 권력의 중심에 있을 때에는 알지 못했다. 죽음을 눈앞에 둔 절체절명의 순간에 진정한 삶의 행복을 깨달았을 뿐이다. 김정희의 통찰이 담긴 유언은 이후 사람들에게 명언으로 전해졌다.

제임스 오펜하임은 이런 명언을 남겼다.

"어리석은 자는 멀리서 행복을 찾고, 현명한 자는 자신의 발치에서 행복을 키워간다!"

내게 가장 큰 행복을 주는 시간은 아내와 아이들과 내가 만든 한국형 하브루타 앱으로 대화할 때다. 매일은 못하지만 매주 1시간씩만 해도 일주일의 행복 에너지가 차오른다. 나도 가끔 잊고 지내지만 지혜톡톡 앱에 담긴 명언으로 아이들과 대화를 나누다보면 삶의 진정한 의미를 다시금 깨닫는다.

– 스마트폰 앱스토어에서 '지혜톡톡' 앱을 무료 다운
로드 받은 후 이용 가능합니다.

지혜톡톡 앱 활용법

1 지혜톡톡 앱을 열고 '명언' 키워드를 선택한다.
2 마음에 드는 명언을 하나씩 고른다.
3 명언의 뜻을 질문하고 대화를 나눈다.
4 명언 아래의 질문으로 대화를 나눈다.

* 지혜톡톡 앱에 들어가면 더 많은 명언이 있답니다.

삶이 있는 한 희망은 있다. – 키케로
질문 삶이 있는 한 희망은 있을까?

산다는 것 그것은 치열한 전투이다. – 로망로랑
질문 산다는 것이 치열한 전투일까?

인간은 사회적 동물이다. – 아리스토텔레스
질문 인간은 사회적 동물인가?

언제나 현재에 집중할 수 있다면 행복할 것이다. – 파울로 코엘료
질문 언제나 현재에 집중하면 행복할 수 있을까?

재산을 잃은 사람은 많이 잃은 것이고, 친구를 잃은 사람은 더 많이 잃은 것이
며, 용기를 잃은 사람은 모든 것을 잃은 것이다. – 세르반테스
질문 용기를 잃은 사람은 모든 것을 잃은 사람인가?

오랫동안 꿈을 그리는 사람은 마침내 그 꿈을 닮아간다. – 앙드레 말로
질문 오랫동안 꿈을 그리면 꿈을 이룰 수 있을까?

행복은 습관이다, 그것을 몸에 지녀라! – 허버드
질문 행복은 습관일까?

자신감 있는 표정을 지으면 자신감이 생긴다. – 찰스 다윈
질문 자신감 있는 표정을 지으면 자신감이 생길까?

이룰 수 없는 꿈을 꾸고, 이길 수 없는 적과 싸우며, 이룰 수 없는 사랑을 하고,
견딜 수 없는 고통을 견디고, 잡을 수 없는 저 하늘의 별도 잡자. – 세르반테스
질문 이룰 수 없는 꿈을 꾸어야 하는가?

만족할 줄 아는 사람은 진정한 부자이고, 탐욕스러운 사람은 진실로 가난한
사람이다. – 솔론
질문 만족할 줄 아는 사람이 진정한 부자일까?

살아갈 이유가 있는 사람은 어떠한 환경도 견뎌낼 수 있다. – 니체
질문 살아갈 이유가 있는 사람은 어떠한 환경도 견뎌낼까?

성공해서 만족하는 것은 아니다. 만족하고 있었기 때문에 성공한 것이다. – 알랭
질문 만족하면 성공인가?

그대의 하루하루를 그대의 마지막 날이라고 생각하라. – 호라티우스
질문 하루하루를 마지막 날이라고 생각하면 무엇이 달라질까?

세상은 고통으로 가득하지만 그것을 극복하는 사람들로도 가득하다. – 헬렌 켈러
질문 고통을 어떻게 극복할 수 있을까?

지혜톡톡 앱에서 명화를 찾아 하브루타를 하면, 서로 생각지 못했던 감성을 발견하며 흥미진진한 대화를 이어갈 수 있다. 스스로 화가가 되어 그림 속에 숨겨진 코드를 찾아갈 때 아이의 마음이 드러나기 때문이다.

10

명화

......

아이가 좋아하는 그림으로 마음 읽기

오래 살아남은 것들은 이유가 있다

사람들은 명화를 좋아한다. 프랑스에 가면 루브르박물관에서 레오나르도 다빈치의 〈모나리자〉를 보고, 이탈리아에 가면 바티칸박물관에서 미켈란젤로의 〈천지창조〉를 보는 것이 필수 코스이다. 제주도에서도 최근 가장 인기 있는 관광 상품 중 하나가 미디어아트를 내세운 '빛의 벙커'라고 한다. 그곳에 가면 고흐의 〈별이 빛나는 밤에〉, 클림트의 〈키스〉 같은 작품들이 빛의 향연을 펼친다. 사람들은 명화를 눈으로 보고 마음에 담는다. 오래 살아남은 것은 다 이유가 있다. 명화가 그렇다. 명화의 매력은 사람의 마음을 강렬하게 흔드는 데 있다.

예전에 서울 예술의전당 근처에 살았던 적이 있다. 출퇴근길에 미술 전시회를 알리는 플래카드를 수시로 보았다. 가끔 큰맘 먹고 아이들을 데리고 미술 전시를 관람하기도 했었다. 나는 큰 관심이 없어도,

아이들에게는 세계적인 명화를 보여주고 싶다는 욕심 때문이었다. 아이들이 명화를 보면, 말은 하지 않아도 마음속에서 무언가 느끼는 게 있을 거라는 막연한 기대도 있었다.

그러나 아이들이 무엇을 느꼈는지는 알 수 없었다. 긴 줄을 서가며 명화를 관람했지만 보고 나서 어떤 그림이 좋았는지, 무엇을 느꼈는지 대화하지 않았기 때문이다. 비싼 돈 주고 명화를 봤지만 그것으로 끝, 감동과 여운은 길지 않았다. 몇 해 전에는 아이들과 처음으로 유럽 여행을 가서 바티칸박물관에 들러 그 유명한 〈천지창조〉를 보기도 했지만 마찬가지였다. 감동은 그때뿐이고 지금은 내가 〈천지창조〉를 보았는지 기억조차 가물가물하다.

방에서 스마트하게 즐기는 명화 감상

그 이후, 지방으로 이사를 오면서 미술 전시회에는 한 번도 가지 않았다. 내가 사는 곳에는 미술관이 아예 없다. 서울에서 열리는 전시회라도 데려가고 싶었지만 사는 게 바쁘다 보니 쉽지 않았다. 그러다가 TV에서 우연히 명화를 테마로 인문학 강의를 하는 프로그램을 보게 되었다. 눈이 번쩍 뜨였다. 명화를 활용해 인문학적인 대화를 할 수 있다니, 명화의 새로운 발견이었다. 그리고 스스로에게 이런 질문을 던지게 되었다.

명화를 집에서 쉽게 보고 즐길 수는 없을까?

명화를 보면서 아이들과 체계적으로 인문학적인 대화를 나눌 순 없을까?

이런 고민 끝에 탄생한 것이 바로 K-하브루타 지혜톡톡 앱의 '명화' 편이다. 부모와 아이가 명화를 보면서 쉽고 편하게 대화할 수 있는 '명화 인문학 하브루타'를 만들었다. 그런데 명화 원본 이미지 파일을 구할 수 없었다. 몇날 며칠 인터넷을 헤매고 다녔다. 유레카! 뉴욕 메트로폴리탄 박물관에서 명화 원본 이미지 파일을 무료로 공유하고 있었다. 그곳의 명화들을 지혜톡톡에 차곡차곡 담았다. 현재 지혜톡톡 앱의 명화 편에 들어가면 100개의 명화와 정보들이 있다. 무엇보다 명화에 대한 질문들이 제시되어 있어 누구나 쉽고 즐겁게 명화를 감상하며 흥미로운 대화를 나눌 수 있다.

요즘 나는 아이들과 자주 지혜톡톡 앱에 들어가 그림을 고르고, 거기 나오는 질문으로 이야기를 나눈다. 그리고 '구글 아트앤컬처'(https://artsandculture.google.com)에 들어가서 그 그림을 검색한다. 구글은 명화를 수십 배로 확대해 화가의 붓 터치를 생생하게 구현해냈다. 그림들을 보고 있노라면 감탄사가 절로 나온다. 왜 명화가 되었는지 그림 스스로가 증명한다고나 할까!

2000년대 초 '다빈치가 그림에 숨겨놓은 암호가 있다'는 설정으로 큰 인기를 끌었던 《다빈치 코드》라는 소설이 있다. 소설의 상상력이 대단히 사실적으로 느껴질 만큼 모든 명화는 화가의 생각, 사람들의 감정, 속사정, 기가 막힌 스토리 등을 그림 곳곳에 숨겨놓고 있다. 화가의 의도는 손가락의 미세한 방향까지도 인물의 감정과 일치시킬 정도로 정교하다. 명화를 보는 또 다른 재미는 이처럼 그림에 숨겨진 코드를 찾아가는 데 있다.

지혜톡톡 앱에서 명화를 찾아 하브루타를 하면, 서로 생각지 못했던 감성을 발견하며 흥미진진한 대화를 이어갈 수 있다. 스스로 화가가 되어 그림 속에 숨겨진 코드를 찾아갈 때 아이의 마음이 드러나기 때문이다. 또한 눈에는 보이지 않지만 마음으로 보는 방법을 알게 되고, 눈에 보이는 것이 전부가 아니라는 것도 배우게 된다. 눈에 보이는 그 너머에 무언가 있다는 것을 깨닫고, 인물의 숨겨진 민낯을 보는 예리함도 생긴다. 아이의 마음에 세상을 보는 또 다른 눈이 생기는 것이다.

아빠 우선 찬유부터 사진 한번 골라볼까?

아들 난 이 그림. 작품 이름이 '거인의 잔'이야.

엄마 좋아. 질문이 뭐야?

아들 "자세히 보면 잔 위에 배가 있는데 어떤 사람이 탄 배일까?"

딸 소인국 사람들! 물 위에서 사는 작은 사람들이야.

아빠 아! 아주 좋은데? 그럼 지금 어디로 가는 것 같아?

딸　(그림을 가리키며) 원래 여기 살다가, 여기로 이사를 가.

아빠　아하! 얼마에 한 번씩 옮겨 다니는 거야?

딸　일주일?

아빠　그렇게 자주 옮겨? 왜?

딸　음……. 먹을 게 사라져서.

아빠　일주일 동안 거기에서 뭘 먹지?

딸　물고기를 잡아먹는데, 일주일 지나면 없어지니까 이사를 가는 거야.

아빠　좋아! 찬유는?

아들　주꾸미!

아빠　(그림을 가리키며) 사람이 아니고 주꾸미가 타는 배야? 그럼 여기는 어떤 공간이야?

아들　주꾸미의 바다. 주꾸미는 사람보다 작잖아. 주꾸미가 이걸 바다라고 생각할 수도 있지.

아빠　근데 주꾸미들은 배 타고 어디로 가는 거야?

아들　배 타고 가는 게 아니라 여기서 살고 있는 거야. 배가 집이야.

아빠　주꾸미 인구는 어떻게 돼?

딸　(웃으며) 인구라고 하면 안 돼. 쭈구라고 해야지.

아빠　쭈구는 어떻게 되지?

아들　50만 마리.

아빠　와! 50만 마리?

아들　응.

아빠　많은 건가, 적은 건가? 저기 공간에 비해서.

아들　적은 거지.

아빠 저 성의 이름을 하나 지어주자. 아니, 이건 성이 아니라 바다라고 해
　　 야 되나?

아들 주꾸 바다.

아빠 지유는?

딸　 주꾸해

아빠 아빠는 쭈쭈해. (가족들 한바탕 웃음)

엄마 저 배가 어디로 가고 있는 거 같아?

아빠 지구를 떠나서 새로운 별을 찾아가고 있는 거야. 선구자들이지! 왜냐
　　 면 지구는 온난화 때문에 서서히 푸른빛을 잃었어. 온난화 때문에 다
　　 타버려서 그림 색깔처럼 누렇게 됐어. 너무 뜨거워서 살 수가 없는 거
　　 지. 그래서 사람들이 배를 타고 떠나는 거야. '노아의 방주' 알지? 옛
　　 날 신화에 보면 대홍수가 나서 사람들이 거대한 방주를 타고 도망갔
　　 잖아.

아들 그게 뭐야?

아빠 신화에 나오는 이야기야. 예전에 엄청나게 큰 홍수가 났을 때, 선택받
　　 은 사람들과 짐승들만 방주라고 하는 큰 배에 타서 살아난 적이 있다
　　 고 해. 신화 속에서 방주를 타고 떠난 것처럼 지구에 마지막 남은 사
　　 람들이 저 배를 타고 지구를 떠나서 항해를 하는 거야. 새로운 지구
　　 를 찾아서! 찬유야, 인간이 새로운 지구를 찾을 수 있을까?

아들 포기하지 않는다면 언젠가는 찾지 않을까?

아빠 작품명이 뭐야, 찬유야?

아들 〈거인의 잔〉

아빠 언제 그렸어? 작품 설명도 읽어볼래?

아들 1833년 작품이야. "세부적으로 묘사된 자연 경관에 위치한 거대한 잔
이 환상적 분위기와 웅장함을 자아내는 작품이다. 거대한 잔은 노르
웨이의 옛 전설과 그리고 그리스 신화와 관련이 있다."

엄마 그렇구나! 신화를 그림으로 옮긴 거구나. 어떤 신화일까?

아들 그리스하고 노르웨이는 유럽이니까 예수님을 믿잖아. 그러니까 하나
님의 잔!

아빠 오! 일리 있는 얘기네. (그림을 가리키며) 이건 하나님의 잔이고, 여기
안의 배는 뭐야?

아들 큰 잔을 하나의 지구라고 생각했을 때, 이제 막 생명을 창조하는 이
야기. 그런 신화일 것 같아.

아빠 지유는 어떤 신화일 거 같아?

딸 밖에 다른 세상이 있는데, 자기 세상밖에 없는 줄 알고 평생 사는 사
람들의 이야기.

엄마 우물 안 개구리!

아빠 밖에 다른 세상이 있는데 그 잔 속에만 머물러 있으면서 사는 이야
기? 굉장히 좋은 얘기다.

나와 아이들은 화가가 어떤 생각으로 명화를 그렸는지 정확히 알
수는 없다. 그건 그림을 그린 화가만이 알 수 있지 않을까? 그러나 명
화에 제시된 질문으로 대화를 나누다보면 화가의 마음이 살짝 보인
다. 화가의 입장에서 생각하고 상상하고 대화하면서 아이들은 명화에
푹 빠져든다. 그 과정에서 사고력과 창의력이 쑥쑥 커진다.

아이와 명화로 하브루타를 할 때는 순서가 있다. 첫째, 명화에 대한

정보를 보지 않고 제시된 질문으로 대화를 나눈다. 둘째, 명화에 대한 정보를 읽고 다시 대화를 나눈다. 명화에 대한 정보를 미리 알게 되면 생각과 상상이 좁혀지기 때문에 처음에는 아무런 정보 없이 대화하기를 추천한다. 명화를 보고 사람마다 느끼는 감정이 다르기 때문에 작가의 의도를 찾기보다는 다양하게 해석하는 관점이 중요하다. 마지막으로 구글 '아트앤컬처'에서 그림을 검색하고 크게 확대해 보며 대화를 나누면 생생한 명화 인문학을 경험할 수 있다.

···· 아이와 함께 지혜톡톡 ····

– 스마트폰 앱스토어에서 '지혜톡톡' 앱을 무료 다운 로드 받은 후 이용 가능합니다.

지혜톡톡 앱 활용법

1 지혜톡톡 앱을 열고 '명화' 키워드를 선택한다.

2 각자 마음에 드는 사진을 하나씩 고른다.

3 아이에게 왜 그 사진을 골랐는지 물어보고 대화한다.

4 사진과 함께 제시된 3개의 질문을 아이에게 하나씩 물어보며 대화한다.

5 부모가 고른 사진으로 질문과 대화를 나눈다.

* 지혜톡톡 앱에 들어가면 더 많은 사진과 질문이 있답니다.

❶ 저 남자는 지금 어떤 기분일까?

❷ 내가 저 남자라면 어떻게 할까?

❸ 수평선 근처에 있는 배는 어떤 배일까?

① 이 사람은 기분이 어떨까?

② 왜 하늘에 구불거리는 선을 넣은 걸까?

③ 멀리 보이는 두 사람은 어떤 사람들일까?

작가 에드바르트 뭉크

작품명 절규

제작 연도 1895년

작품 설명 두 명의 친구와 함께 걷다가 홀로 느낀 작가의 두려움을 표현한 그림이다. 작가의 절망적인 심리 상태가 잘 나타나 있다.

① 하늘의 노란색 물감 자국들은 무엇을 표현한 걸까?

② 왜 땅 부분을 보라색으로 칠했을까?

③ 앞쪽의 나무는 왜 잘린 걸까?

작가 빈센트 반 고흐
작품명 올리브 나무
제작 연도 1889년
작품 설명 고흐가 1889년 11월에 그린 다섯 점의 올리브 과수원 그림들 중 하나이다. 작가는 작품을 통해 인위적이지 않은, 있는 그대로인 색의 아름다움을 표현하려고 노력했다.

① 그림을 보면 어떤 느낌이 드는가?

② 이 작품은 왜 세 부분으로 나누어져 있을까?

③ 작가는 무엇을 표현하고 싶었던 걸까?

작가 파울 클레

작품명 사원의 정원

제작 연도 1920년

작품 설명 추상화가였던 작가는 때때로 작품을 조각내어 재배치하는 것을 즐겼다. 이 작품은 세 부분으로 나누어져, 가운데 부분이 왼쪽으로 옮겨진 것으로 보인다.

토론은 내 생각을 논리정연하게 말해야 한다. 논리정연하게 말하기 위해서는 생각을 깊게 해야 하는데, 그 과정에서 사고력이 확장된다. 또한 상대방의 말을 분석해서 비판하고, 나만의 생각을 말해야 하기 때문에 자연스럽게 비판적 사고력이 생겨난다.

11

토론

......

미래 역량을 키우는 최고의 공부법

세계 명문 대학들은
어떻게 공부하는가?

　　　　　　　　미국 하버드대학교에 입학하면 4년 동안 대화하기, 토론하기, 글쓰기를 배운다. 친구들과 토론하며 세상의 리더가 되는 훈련을 하는 것이다. 400년 넘는 역사를 가진 하버드대학교가 그동안 얼마나 많은 공부법을 적용했겠는가? 최후까지 살아남은 공부법, 최고의 공부법이 토론이다. 요즘 하버드대학교보다 더 유명해진 미네르바 스쿨의 핵심 공부법 역시 생각하기, 토론하기, 글쓰기다.

　테슬라의 창업자 일론 머스크가 자신의 다섯 자녀들을 위해 만든 비밀스러운 사립학교 '애드 아스트라'도 소크라테스 질문식 대화법을 중심으로 교육하는 것으로 알려져 있다. 일본은 2020년부터 대입 시험으로 국제 바칼로레아를 도입하기로 결정해 몇 년 전부터 학교의 거의 모든 학습 과정이 토론으로 이루어지고 있다. 이처럼 선진국의 사례를 살펴보면 아이의 핵심 역량을 키우는 데 가장 효과가 좋은 공부법이 '토론'이라는 것을 알 수 있다.

유대인의 위대한 유산,
하브루타 토론

유대인들이 노벨상을 휩쓰는 비결 역시 하브루타 토론에 있다. 토론을 통해 비판적 사고력과 창의력을 키우기 때문이다. 유대인은 매일 가족과 식사를 하며 하브루타를 한다. 그것도 모자라 매주 금요일부터 토요일까지 이어지는 안식일에는 가족끼리 집중 토론을 한다. 탈무드와 성경을 통한 하브루타 외에도 세상 돌아가는 이야기와 이슈 토론이 다양하게 펼쳐지며 자녀와 삶의 지혜를 나눈다.

이처럼 하브루타 토론이 일상에 완전히 뿌리내린 유대인은 한국인보다 공부 시간이 훨씬 적지만 다양한 분야에서 탁월한 성과를 내고 있다. 또한 세계적인 행동과학자, 교육학자들은 연구와 실험을 통해 가장 효율성이 높은 공부법이 서로에게 설명하는 토론임을 증명해왔다.

자녀들과 토론을 즐긴
세종대왕

우리 역사에도 유대인처럼 밥상머리에서 매일 토론을 했던 인물이 있다. 바로 세종대왕이다. 인류 최초로 문자를 발명한 세종은 분초를 쪼개 쓸 정도로 치열한 삶을 살았다. 그런데도 특별한 날을 제외하고는 하루 세 끼 식사를 자녀들과 함께했다. 세종은 자녀들과 밥을 먹으며 끊임없이 질문을 하고 토론을 이끌었다. 밥을 다 먹은 후에도 질문과 토론은 계속 이어졌다.

이 같은 토론을 통해 세종대왕은 자녀에게 다양한 지식은 물론 국가를 통치하는 지혜를 전수했다. 자신을 이어 나라를 이끌어갈 세자와 자녀들의 역량을 토론으로 키운 것이다. 왕세자인 문종은 하루 세 번의 밥상머리 토론을 통해 기본 인성을 비롯해 협력, 비판적 사고력, 창의력을 겸비한 성인으로 자랐다.

찬반 토론과 협력 토론, 뭐가 다를까?

토론에는 찬반 토론과 협력 토론이 있다. 찬반 토론은 말 그대로 찬성과 반대로 나뉘어 상대방을 논리로 설득하는 것이다. TV에서 여당과 야당의 정치인들이 나와 각자의 입장을 치열하게 말하고, 비판하고, 설득하는 토론이 바로 찬반 토론이다. 찬반 토론은 주제가 찬성과 반대로 선명하게 나뉘고, 아이가 토론에 적극적으로 참여할 때 하는 것이 효과적이다.

협력 토론은 브레인스토밍을 하는 것처럼 토론 주제에 대해 자신의 생각을 편하게 말하며 서로의 의견을 이끌어내는 것이다. 예를 들어 '초등학생이 화장을 해도 되는가?'라는 주제를 놓고 협력 토론을 한다면 부모는 아이에게 '왜 찬성하는가?'를 물어보며 찬성 의견을 계속 모은다. 물론 부모도 자기 의견을 낸다. 찬성 의견이 다 나오면 '반대

하는 사람들은 왜 반대하는 걸까?'를 묻고 반대 의견을 모은다.

이 과정에서 아이는 찬성과 반대 의견을 다 알게 되고, 한쪽으로 치우치지 않는 균형 감각을 키울 수 있다. 마지막으로 각자 찬성과 반대의 입장을 정하고 그 이유를 설명하며 끝을 맺으면 된다.

집에서 부모와 아이가 토론을 한다면 찬반 토론보다는 협력 토론을 추천한다. 찬반 토론은 토론자들의 수준이 비슷해야 가능하고, 원치 않는 긴장과 갈등이 따를 수도 있다. 집에서는 아이와 가볍고 편한 마음으로 할 수 있는 협력 토론을 추천한다. 우리 집도 찬반 토론보다는 협력 토론을 주로 하고 있다.

토론으로 키우는
비판적 사고력과 창의성

토론은 내 생각을 논리정연하게 말해야 한다. 논리정연하게 말하기 위해서는 생각을 깊게 해야 하는데, 그 과정에서 사고력이 확장된다. 또한 상대방의 말을 분석해서 비판하고, 나만의 생각을 말해야 하기 때문에 자연스럽게 비판적 사고력이 생겨난다. 비판적 사고력은 새로움을 끄집어내는 창의성과 직결된다. 창의성을 키우기 위해서는 여러 사람의 이야기를 듣고 분석해서 나만의 생각을 말하는 토론만 한 것이 없다.

우리 가족은 지난 5년간 밥상에서 안 다뤄본 토론 주제가 없을 정도로 많은 토론을 했다. 그사이에 지유와 찬유는 지식과 지혜로 무장한 건강한 아이로 성장했다. 지혜톡톡 앱에 아이들과 토론했던 수많은 주제 중에, 수능과 논술 시험은 물론 각종 토론 대회에 단골로 등장하는 보편적인 이슈를 엄선, 108개의 주제를 담았다.

우리는 일본과 친하게 지내야 할까?

오늘의 토론 주제는 '독도를 자기 땅이라고 우기는 일본과 친하게 지
내야 하는가?'로 정했다. 일요일 아침을 먹고 각자 자유 시간을 가진
뒤 시작했다. 지혜톡톡 앱으로 토론할 때 다소 어려운 주제는 관련 신
문 기사를 찾아서 아이와 함께 읽은 후 시작하는 것이 좋다. 사전 지
식이 있으면 토론이 풍성해지기 때문이다.

나는 〈중앙일보〉와 〈한겨레〉가 우리 사회의 첨예한 갈등을 해소하
고자 공동 기획한 '사설 속으로'에서 관련 기사를 찾아 읽으며 토론했
다. '사설 속으로'는 3년 2개월 동안 총 175개의 주제를 서로 다른 입
장에서 쓴 글이다. 인터넷에서 '사설 속으로'를 검색하면 자료를 쉽게
찾아볼 수 있다. 주제마다 찬성과 반대의 명쾌한 논리들이 있어 한쪽
으로 치우치지 않고 생각의 균형을 잡는 데 좋다.

물론, 최소한의 지식과 상상만으로 얼마든지 토론이 가능하기 때문
에 관련 기사를 읽지 않고 바로 토론에 들어가도 무방하다. 우리 집에
서도 오늘 주제인 일본 문제는 아이들이 기본 지식을 갖고 있다고 판
단되어 곧바로 토론을 시작했다. 찬성과 반대로 나누어 토론하는 찬
반 토론이 아니라, 아이들의 의견을 쉽게 이끌어내는 협력 토론이었다.
1시간 15분 동안 열정적인 토론이 이어졌다.

아빠 한국은 일본과 친하게 지내야 할까?

아들 일본은 계속 독도가 자기네 땅이라고 우기고 있잖아. 어떻게 친하게 지낼 수 있겠어!

딸 맞아! 얼마 전에는 반도체 부품 수출도 막았잖아.

아빠 좋아! 그럼 한국이 일본과 친하지 않은 이유가 뭘까?

아들 독도 문제가 해결되지 않으면 친하게 지낼 수가 없어.

아빠 또 어떤 이유가 있을까?

아들 저번에 쓰나미 때문에 원자력 발전소 터졌잖아. 그런데 (방사능) 오염 물질을 방치하고 있다고 하던데. 그런 것도 해결해야 돼.

엄마 찬유가 잘 알고 있구나. 후쿠시마 원전 사고가 터지고 나서 방사능 오염 물질을 바다에 고의적으로 유출했지. 그래서 한국에서 그쪽 지역에서 잡은 해산물 수입을 금지했는데 일본이 크게 반발했어. 그런 문제도 해결돼야지. 또 뭐가 있을까, 지유야?

딸 위안부 문제에 사과를 안 해. 진심으로 사과하면 해결될 일을 가지고 말이야.

아빠 위안부 문제는 한국이 일본에게 식민지 피해를 당한 것과 연결되어 있어. 일본 정권은 전반적으로 한국이 입은 식민지 피해를 인정하지 않고 있지. 이 문제가 해결되지 않으면 친하게 지내기가 어렵지. 또 뭐가 있을까?

아들 반도체 부품 수출 막은 거.

아빠 일본이 반도체 부품 수출을 왜 막았지?

아들 한국은 반도체로 먹고 사는 나라니까 우리를 못살게 하려고 막았어.

엄마 그런데 반도체 부품 수출 막은 다음에 어떻게 됐지?

아들 오히려 한국이 더 성장해서 일본의 뺨을 쳤어. 너무 웃겨.

엄마 하하. 위기를 기회로 만들었지. 이제 한국은 일본에서 반도체 부품을 수입할 필요가 없어졌어.

아빠 가장 큰 피해자는 누구야?

딸 일본 기업들이 피해를 입었어. 이제 한국에 수출 못하니까.

아빠 위기가 닥치면 사람이 적응을 하듯이 한국은 반도체 위기를 기회로 삼아서 기술 발전을 이뤘어. 그리고 또 뭐가 있을까?

아들 일본 사람들이 한국인들 혐오하고 차별을 많이 해.

아빠 물론 그런 일본 사람들이 있긴 하지만 다 그런 건 아니야. 일본인 중에도 한국인 좋아하는 사람들이 많이 있어.

아들 일본 정부가 혐오를 부추기고 있어.

딸 그리고 인종 차별을 방치하고 있어.

아빠 인종 차별을 하면 어떻게 해야 돼?

아들 처벌을 해야 돼.

아빠 자! 이번에는 반대로 생각해보자. 일본과 친하게 지내야 하는 이유가 뭘까?

아들 중국과 북한을 견제할 수 있어.

아빠 한국전쟁 때 북한은 어느 나라들과 같은 편을 먹고 싸웠지?

아들 중국, 러시아.

아빠 중국, 러시아, 북한 반대편에 한국이 있는데, 한국은 어느 나라와 친해야 하는 거야?

딸 미국, 일본.

아들 인도, 베트남, 유럽.

아빠 국가끼리는 서로 힘이 비슷해야 전쟁이 안 나. 중국, 러시아, 북한
　　　을 견제하려면 우리도 같은 편을 만들어야 하는데 일본이 힘이 되
　　　어줄 수 있지. 쉽게 말하면 전쟁 예방을 할 수 있는 거지. 그런데
　　　나중에 우리나라가 북한과 통일을 한다면 가장 반대하는 나라가
　　　어디일까?

아들 중국, 일본.

엄마 왜 중국과 일본은 한국의 통일에 반대할까?

딸　 우리가 통일하면 힘이 커지니까 반대하는 거야.

아빠 맞아. 그런데 평소 일본하고 친하게 지내면 반대를 덜 하겠지. 그래서
　　　일본하고 친하게 지낼 필요가 있는 거야. 또 무슨 이유가 있을까?

딸　 일본 여행을 안전하고 자유롭게 갈 수 있어. 그러면 일본 사람들도
　　　한국에 여행을 많이 오니까 돈을 벌 수 있잖아.

엄마 좋은 생각이다. 관광 산업 때문에라도 일본과 친할 필요가 있네.

딸　 K-팝이 인기가 많잖아. 이런 것도 수출하고.

아들 지난번에 아빠가 얘기해 줬잖아. 일본 넷플릭스에서 '사랑의 불시착'
　　　이 시청률 1등이라고. 한국 드라마도 많이 수출할 수 있어.

아빠 좋아! K-팝, 드라마, 영화, 웹툰까지 요즘 한국 문화가 전 세계적으
　　　로 인기가 많잖아. 예전에는 일본 문화가 뛰어난 게 많았지만 지금은
　　　한국이 월등히 우수하잖아. 일본과 친해지면 한국의 문화 상품을 일
　　　본에 많이 팔 수 있지. 일본도 중국처럼 한국 문화 수입을 막고 있어.
　　　또 뭐가 있을까?

아들 일본과 친구가 될 수 있어. 그러면 사이좋게 지내는 거지.

아빠 찬유가 그 얘기하니까 이토 히로부미를 저격한 그분이 생각나네? 누

구지?

딸, 아들 (동시에) 안중근!

아빠 안중근 의사는 일본 총리였던 이토 히로부미를 저격한 이유를 '동양의 평화를 깼기 때문'이라고 했어. 안중근 의사는 이토 히로부미를 암살한 후 동양평화론을 주장하고 중국, 일본, 한국이 평화롭게 지내는 계획도 발표했지. 그래서 안중근 의사가 위대한 거야.

아빠 자, 그럼 최종 정리를 해볼까? 지금까지 일본과 친하게 지내야 하는 이유와 친하게 지내면 안 되는 이유를 말했잖아. 찬유의 결론을 들어보자.

아들 난 친하게 지내야 된다고 생각해.

아빠 가장 큰 이유를 하나만 이야기해볼까?

아들 평화롭게 지내기 위해서.

아빠 지유는?

딸 웹툰이나 K-팝 같은 한국 문화를 일본에 많이 알리기 위해서 친하게 지내야 돼.

아빠 엄마는?

엄마 난 위안부, 독도 같은 문제가 해결되기 전까지는 친하게 지내면 안 된다고 생각해.

아빠 아빠는 친하게 지내야 된다고 생각해. 어차피 위안부, 독도 문제는 해결되기 어려워. 미래를 위해서, 그리고 한국의 이익을 위해서 친하게 지내야 돼. 특히 요즘 한국 문화가 세계 최고인데 이럴 때 일본에 한국의 문화를 많이 퍼뜨려야 된다고 생각해. 그러면 일본인들이 한국인을 좋아할 거고, 그런 모습을 보면 한국인들도 일본인을 좋아하게 되지 않을까 싶어.

아빠　자, 이제 '한줄평'으로 마무리하자.
아들　'일본과 친하게 지내자!'
딸　　'한국이 일본과 친하게 지내야 하는 이유!'
엄마　'일본은 적인가? 친구인가?'
아빠　'안중근의 동양평화론 : 한국과 일본은 들어라!'

토론을 시작할 때 아이들은 한국이 일본과 친하게 지내면 안 된다고 말했다. 그러나 토론이 깊어지며 찬성과 반대 입장을 따져보게 되자 친하게 지내야 한다고 결론을 내렸다. 이처럼 진지한 토론을 거치면 한쪽으로 치우치지 않고 양쪽의 입장에서 생각을 더 해볼 수 있다. 토론의 가장 큰 장점이 사고의 균형을 잡는 것이다. 세상의 모든 문제는 찬성 의견과 반대 의견이 존재한다. 한쪽으로만 가면 독선이고 독재가 된다.

유대인을 대량 학살한 독일은 전쟁이 끝나고 처절한 반성을 했다. 두 번 다시 그런 잘못을 저지르지 않기 위해 독일 국민은 초등학생 때부터 정치 과목을 배우며 사고의 균형을 잡는 토론을 한다. 앞으로 독재자에게 속아서 '하이! 히틀러!'를 외치지 않기 위해서다. 나는 우리 아이들이 모두가 '예!'라고 말할 때에도 '아니오!'라는 말을 할 수 있는 사람이었으면 좋겠다. 내가 토론을 하는 이유다.

* 지혜톡톡 앱에 들어가면 더 많은
토론 주제가 있답니다.

···· 아이와 함께 지혜톡톡 ····

– 스마트폰 앱스토어에서 '지혜톡톡' 앱을 무료 다운
로드 받은 후 이용 가능합니다.

지혜톡톡 앱 활용법

1 지혜톡톡 앱을 열고 '토론' 키워드를 선택한다.

2 마음에 드는 토론 주제를 선택한다.

3 토론 주제에 대해 찬성과 반대로 나눠 토론을
한다.

4 충분한 토론이 이루어지면 '스위치!'라고 외치
고 찬성과 반대를 바꾸어 다시 토론을 한다.

5 찬성과 반대 의견을 결정하고, 지혜톡톡의
찬성과 반대 버튼을 누른다.

① 초등학생에 대한 시험과 평가가 필요한가?

② 초등학교에 영재반이 필요한가?

③ 초등학생의 스마트폰 사용을 허용해야 하는가?

④ 착한 거짓말은 해도 되는가?

⑤ 아파트에서 애완동물을 키워도 되는가?

⑥ 동물을 안락사시켜도 되는가?

⑦ 친구의 잘못이나 옳지 않은 행동을 선생님께 말하는 것이 옳은가?

⑧ 친구의 별명을 부르는 것은 바람직한가?

⑨ 인터넷 용어(은어)와 같은 언어들을 써도 되는가?

⑩ 방학 숙제가 꼭 있어야 하는 것인가?

⑪ 초등학생끼리 시내에 나가도 되는가?

⑫ 초등학생이 화장을 해도 되는가?

⑬ 인터넷 실명제를 실시해도 되는가?

⑭ 부모님께 효도하는 가장 좋은 방법은 공부를 열심히 하는 것이다 or 아니다.

⑮ 짝을 정할 때 자신이 앉고 싶은 사람과 앉는 것이 좋다 or 아니다.

⑯ 북한이 계속 도발해도 인도적 지원을 해야 하는가?

⑰ 중병환자의 안락사에 찬성하는가?

⑱ 학교에서 성적으로 반을 나누어 수업하는 것은 어떤가?

⑲ 친구와 싸웠다. 친구가 잘못했지만 내가 먼저 사과를 해야 하는가?

⑳ 학교에서 핸드폰 휴대를 허용해야 하는가?

㉑ 학교에서 학생 염색을 허용해야 하는가?

㉒ 밤 10시 이후 학원을 금지해야 하는가?

㉓ 의무적 학생 봉사 활동을 금지해야 하는가?

㉔ 청소년 성형 수술, 찬성인가?

㉕ 청소년 게임 셧다운 제도는 필요한가?

㉖ 청소년 흡연, 금지해야 하는가?

㉗ 양성평등을 위해 여자도 군대에 가야 하는가?

㉘ 불합리한 법과 규칙을 지켜야 하는가?

㉙ 인터넷상에서 악플을 처벌해야 하는가?

㉚ 부자에게 많은 세금을 매겨서 가난한 사람에게 나눠주는 것은 옳은 일인가?

㉛ 유전자 조작 농산물을 금지해야 하는가?

㉜ 최저 임금을 계속 올려야 하는가?

㉝ 사형 제도는 폐지해야 하는가?

㉞ 통일을 해야 하는가?

㉟ 인간 복제를 허용해야 하는가?

'진로직업'에는 400개의 직업이 담겨 있다. 직업마다 5분짜리 동영상이 있어서 아이와 함께 보면서 생생한 정보를 얻을 수 있다. 아이가 선택한 직업에 대해 구체적인 대화를 나눌 수 있도록 유용한 질문도 준비되어 있다.

12

진로직업

.....

꿈이 있는 삶을 꿈꾸는 직업 코칭

나는 살아 있는
사람인가?

요즘 아이들의 가장 큰 효도는 '하고 싶은 일이 있는 것'이라고 한다. 대학에서 새 학기가 시작되어 새로운 학생들을 만나면 꼭 꿈을 물어보는데, 가장 많이 듣는 답은 이것이다.

"그냥 돈 많이 버는 거요."

매번 비슷한 결과다. 꿈이 있는 학생을 만나는 일은 드물다. 대학생만 그럴까? 중학생, 고등학생에게 물어도 마찬가지다. 그럼 어른은 어떨까? 더 생각이 없다.

한국인은 초중고등학교 내내 주입식 교육을 받는다. 시험에는 내 생각이 아닌 남의 생각을 써넣어야 정답이 된다. 새로운 답, 창의적인 답은 필요 없다. 이미 정해놓은 '정답'을 맞혀야 한다. 이런 교육을 8살부터 19살까지 12년간 받으면 어떻게 될까? 내 생각은 사라진다. 새로운 생각을 하는 뇌의 영역은 퇴화되어버린다. 그러니 이루고 싶은 꿈,

가슴 뛰는 일을 찾기보다 '건물주'나 '공무원'처럼 편하게 돈을 벌거나 안정적인 직업 갖기를 원한다. 나는 진실로 우리 아이들이 그런 인생을 살지 않기를 바란다.

"꿈이 있는 자! 살아 있는 자!"

내가 만든 우리 집 가훈이다. 식탁 옆에 떡하니 붙어 있다. 아이들은 시도 때도 없이 그 글을 보게 된다. 그걸 보면서 지유와 찬유는 무슨 생각을 할까? 스스로 질문을 던질 것이다.

'내 꿈은 뭐지?'
'나는 살아 있는 사람인가?'

지유와 찬유에게 자주 꿈을 물어본다. 때로는 아주 구체적으로 물어보기도 한다. 나는 아이들이 쓸데없는 공부를 하지 않기 바란다. 누구나 서는 긴 줄에 서서 인생을 낭비하지 않기 바란다.

조향사가 되고 싶은 지유의 꿈

지유가 5학년 겨울방학 때였다. 어느 날 향수를 만드는 조향사가 되고 싶다고 했다. 아이가 하고 싶은 일이 있다는 건 부모로서 얼마나 즐거운 일인가!

곧바로 지유와 함께 집 근처에 있는 국립세종도서관으로 달려가 조향사에 관한 책을 빌렸다. 샤넬의 향수를 만든 사람 등 전설적인 조향사들의 삶이 담긴 좋은 책이었다. 그러나 그것만으로는 부족했다. 나는 조향사 전문 교육 과정을 찾아보았다. 세종시에는 없지만 청주시에는 있었다. 향수 도매상을 하는 곳인데 간간히 조향사 교육 과정을 열고 있었다. 반가운 마음에 바로 전화를 했다.

"아이가 몇 살인가요?"

"이제 13살입니다."

사장님은 아이한테는 어려운 과정이라면서 지유를 받지 않으려 했다. 그러나 나는 오랜 시간 정성을 다해 설득했다. 결국 나의 승리! 지유를 데리고 청주로 갔다. 사장님 말대로 수업이 쉬워 보이지는 않았지만, 지유는 포기하지 않고 어른들과 함께 10시간 과정을 수료했다.

수료증을 받고 어깨가 으쓱한 지유가 조용히 나에게 말했다.

"아빠! 그런데 나 조향사는 못할 것 같아!"

"왜?"

"향수 냄새를 오래 맡으면 너무 어지러워!"

순간 내 머리가 어지러웠다. 그러나 곧, 다행이라는 생각이 들었다. 조향사 과정을 직접 경험해보지 않았더라면 계속 조향사가 꿈이었을 게 아닌가! 만약 그 꿈을 좇아 관련 대학을 갔다면 얼마나 아찔한 일인지. 이러니 아이가 하고 싶은 게 있다면 직접 시켜봐야 한다. 머릿속으로 생각하는 것과 직접 해보는 것은 완전히 다르다. 지유의 꿈은 바뀌었지만, 아주 좋은 경험을 했다.

직업 코칭도
지혜톡톡 앱으로!

아이가 꿈을 갖고 자신의 길을 걸어가려면 어느 정도 고민의 시간이 축적되어야 한다. '나는 어느 길로 가야 할까? 나에게 맞는 직업은 뭘까?' 자꾸 고민하면서 구체화시켜야 한다. 그 시간이 축적될수록 길은 선명해진다. 그러나 직업상담사가 아닌 이상 부모가 아이의 직업을 코칭하기는 쉽지 않다.

그 문제를 해결하기 위해 지혜톡톡 앱에 '진로직업' 편을 마련했다. '진로직업' 키워드를 누르고 들어가면 400개의 직업이 뜬다. 직업마다 5분짜리 동영상이 있어서 아이와 함께 보면서 생생한 정보를 얻을 수 있다. 아이가 선택한 직업에 대해 구체적인 대화를 나눌 수 있도록 유용한 질문도 준비되어 있다.

- 이 직업에 대한 내 생각은?
- 이 직업의 가장 큰 장점은?
- 이 직업의 힘든 점은 뭘까?
- 이 직업을 가지면 삶이 행복할까?
- 이 직업을 위해 갖기 위해 어떤 노력을 해야 할까? (학교, 시험, 자격증 등)

질문을 통해 아이는 관심 있는 직업에 대해 구체적인 정보를 얻고 직업을 갖기 위한 계획을 세우게 된다. 아이가 관심 있는 직업을 부모가 함께 찾고 대화를 나누는 것이 제대로 된 직업 코칭이다.

아빠 직업을 가질 때 고민해야 될 게 여러 가지가 있는데 첫 번째가 뭘까?

아들 자기가 정말 하고 싶은 일을 선택해야 돼.

아빠 두 번째는 뭘까?

딸 자기한테 잘 맞는지 생각해야 돼.

아빠 옳지! 내가 좋아한다고만 되는 게 아니고 나한테 잘 맞아야 되겠지.
      나한테 잘 맞는다는 것은 나의 어떤 점하고 잘 맞아야 될까?

딸 적성.

아빠 그럼 세 번째는?

딸 내가 그 일을 잘하는지!

아빠 좋아! 지혜톡톡 앱에서 자기가 좋아하는 직업을 하나씩 골라보자.
      (5분 뒤) 지유는 어떤 직업 골랐어?

딸　유치원 선생님!

아빠　지유는 왜 유치원 선생님이 되고 싶어?

딸　애들이랑 같이 지내면 재밌을 것 같아.

아빠　유치원 선생님은 언제부터 하고 싶어졌어?

딸　작년 11월?

아빠　그래? 유치원 선생님이 되면 좋은 점이 뭘까?

딸　매일매일 애들이랑 놀 수 있어.

엄마　그런데 지유가 원래 애들을 좋아했었나?

딸　아니. 잘 모르겠어.

아빠　아무튼 지금은 애기들하고 놀고 싶은 거야?

딸　응. 귀엽잖아.

아빠　귀여워? 일단 그게 좋은 거고. 또 좋은 점이 있을까?

딸　먼저 경험을 할 수 있으니까 나중에 내 애기를 더 잘 키울 수 있어.

아빠　좋아. 그러면 그 직업의 단점은 뭘까?

딸　애들이 말을 안 들어. 그래서 좀 힘들어.

아빠　지유는 유치원 선생님이 되면 행복할 것 같아?

딸　응. 일단 직업을 가졌으니까.

아빠　아! 일단 직업을 갖는 게 중요하니까?

딸　응.

아빠　그렇지! 아빠 그 생각난다. 작년에 아빠가 수업을 들어갔는데 칠판 앞
　　　에 분필통이 있었거든? 거기에 '이거 가져가면 취업 안 됨' 이렇게 써
　　　있었어. (웃음) 그러니까 대학생들이 취업을 어떻게 생각하는 거야?

아들　엄청 중요하게!

아빠 맞아. 엄청 중요하게 생각하는 거야. 취업 안 된다고 하면 최고의 욕인 거야. 그 정도로 취업하기가 어려운 세상이 됐으니까. 일단 지유는 취업했다는 사실 자체에 만족한다는 거지?

딸 응!

아빠 그럼 지유가 유치원 선생님이 되려면 구체적으로 어떤 노력을 해야 돼?

딸 유아교육과를 가야 해. 그런 다음에는 어떻게 되는지 잘 몰라.

아빠 유아교육과 가서 뭘 해야 될 것 같아?

딸 가르치는 공부를 해.

아빠 그다음에 뭘 배울 거 같아? 추측을 해봐.

딸 혼내지 않으면서 잘 가르치는 방법?

아빠 그렇지! 또 뭐가 있을까?

아들 아이들이 재밌게 할 수 있는 프로그램 같은 것도 배워. (아빠와 하이파이브)

딸 피아노, 동요 음악도 배울 것 같아.

아빠 또 뭘 배울까? 너희들 어린이집에서 뭐 했어? 생각해봐. (대답 없음) 아마 유아 체육도 배울 거야.

아들 아! 맞아. 어린이집 다닐 때 웃겼던 게, 체육 시간에 활쏘기를 되게 많이 했거든. 그런데 활 쏘면 당긴 쪽을 놔야 되잖아. 이걸 항상 둘 다 놓게 돼. (가족 모두 함께 웃음)

딸 애들한테 밥 먹는 것도 가르쳐야 돼.

아빠 지유는 밥상머리교육 잘하겠네. 대화법, 질문법, 그게 제일 중요한 거야. 그런데 애들한테 정답을 알려주는 게 좋은 거야? 아니면 정답을 찾게끔 도와주는 게 좋은 거야?

딸 도와주는 게 좋아.

아빠 그렇지. 답을 찾게끔 도와주는 게 중요하지. 그렇게 공부를 해서 유아교육과를 졸업하면. 아니, 졸업하기 전에는 뭘 준비해야 돼?

딸 임용 시험.

아빠 지유가 잘 알고 있구나.

딸 아빠! 여기 동영상 보자. (유치원 교사 관련 5분 동영상 시청함)

아빠 영상 보니까 어때?

딸 뭘 하는지 자세히 나오니까 좋다.

아빠 혹시 다른 직업에 흥미가 생기면 어떻게 해야 돼?

딸 그 직업에 대해서 알아봐.

아빠 깊게 알아봐야 되겠지? 무슨 일을 하는 직업인지 자세히 알아보고, 할 수 있으면 체험해보는 거야. 저번에 지유는 조향사도 직접 체험해봤잖아. 그렇지?

딸 응.

아빠 직접 해봤더니 어때? 잘 맞는다 싶으면 계속 깊게 파는 거고, 안 맞으면 어떻게 해? 안 맞으면 버리면 되는 거야. 오케이?

딸 응!

아빠 자, 이제 '한줄평' 얘기하고 마무리하자. 찬유부터!

아들 '직업은 나에게 새로운 삶을 살게 해준다!'

딸 '그림 안 팔려도 직업이다!'

아빠 오! 왠지 멋진 말 같아. 어떤 의미야?

딸 　당장 돈을 못 벌어도 좋아하는 일을 하면서 노력하면 된다는 뜻.

아빠 　'직업은 나의 정체성이다!'

아들 　정체성?

아빠 　정체성은 '나'잖아. 나와 가장 어울리는 게 직업이 돼야 하는 거야.
　　　　내가 잘할 수 있고, 재밌고. 그렇지?

아들 　응!

* 지혜톡톡 앱에 들어가면 더 많은 직업 사진과 동영상이 있답니다.

···· 아이와 함께 지혜톡톡 ····

– 스마트폰 앱스토어에서 '지혜톡톡' 앱을 무료 다운 로드 받은 후 이용 가능합니다.

지혜톡톡 앱 활용법

1 지혜톡톡 앱을 열고 '진로직업'을 선택한다.
2 각자 마음에 드는 직업 사진을 고른다.
3 왜 그 직업을 골랐는지 이유를 물어본다.
4 아래의 질문을 읽고 서로 대화를 나눈다.
  • 이 직업에 대한 내 생각은?
  • 이 직업의 가장 큰 장점은?
  • 이 직업의 힘든 점은 뭘까?
  • 이 직업을 가지면 삶이 행복할까?
  • 이 직업을 위해 갖기 위해 어떤 노력을 해야 할까? (학교, 시험, 자격증 등)
5 제시된 영상을 함께 보고 다시 대화를 나눈다.

가수

게임그래픽디자이너

게임기획자

교통심리전문가

녹색건축

드론

만화가

바이오기술

안드로이드

애완동물미용사

인공지능

포장

주택임대관리사

그린카 설계개발자

발효식품연구원

사이버평판관리자

도시농업활동가

상품공간스토리텔러

수중재활운동사

정보보안전문가

소방관

안경사

웹프로그래머

화학공학기술자

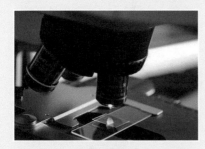

생명정보학자

방송연출가

광고디자이너

검찰수사관

가족의 협력은 부모의 일과 고민을 자세히 이야기하는 밥상머리 교육에서 만들어진다. 온 세상이 나를 등질 때 유일하게 나를 믿고 찾아줄 사람은 가족이다. 가족과의 협력을 배운 아이는 나중에 친구를 돕고 어려운 사람도 도울 것이다.

13

협력

....

밥상머리교육으로 쌓아가는 가족의 힘

부모의 고민을
자녀에게 알려야 한다

주말부부를 하다가 딸과 사이가 멀어진 나는 '최고의 부모'들이 아이를 어떻게 키우는지 궁금했다. 궁금한 것은 답을 얻어야 직성이 풀리는 성격 탓에 그때부터 세계의 명문가들을 찾고 분석해서 몇 가지 비결을 알아냈다. 그중에는 도저히 공감하기 어려운 비결이 하나 있었는데, 바로 '부모의 일과 고민을 자세히 말하기'였다.

내가 성인이 되어 독립하기 전까지 우리 집은 단칸방에서 다섯 식구가 생활했다. 당시 나의 가장 큰 소원은 '내 방 갖기'였다. 공부에 한창 재미를 붙이던 중학생 시절에는 가족들 때문에 밤늦게까지 불을 켜놓고 공부를 할 수가 없어 3년 내내 독서실에 다녔다. 유일한 사교육비 지출이었다. 어느덧 중학생 딸을 두고 있는 나는 그때의 내 어머니 나이가 되었다.

나는 가난한 집에서 아이 셋을 키우던 어머니의 희생을 먹고 자랐다. 지금도 기억이 생생한 것이, 중학교 학비로 낼 돈이 없어 어머니가 주인집 아주머니에게 부탁을 하는 모습이다. 그러나 어머니는 한 번도 나에게 당신의 고달픈 일상과 고민에 대해 말하지 않았다. 우리 때 부모들이 대개 그러했듯이 모든 걸 혼자서 감당했다. 어머니의 헌신은 알았지만, 어머니의 고민을 정확히 알 수는 없었다.

그러나 명문가의 부모들은 달랐다. 부모의 일과 고민을 자녀에게 자세히 알리고, 서로 협력하고 소통하고 있었다. 자녀가 부모의 일과 고민을 잘 알게 되면 어떤 변화가 생길까? 문득 10년 전 군대에서 있었던 일이 떠오른다.

가장 존경하는 인물이 아버지라니!

그때 나는 군대 간부로 복무하고 있었다. 어느 날 서울대 출신의 신병이 전입을 왔다. 신병이 오면 가장 먼저 신상명세서를 작성하고 면담을 한다. 신상명세서에는 가장 존경하는 인물을 적는 칸이 있는데, 그 병사는 아버지를 적어놓았다. 아버지의 직업을 보니 '청소부'였다. 가장 싫어하는 인물에 '아버지'를 써놓은 것은 가끔 본 적이 있지만 이런 경우는 처음이었다. 너무 궁금해서 그에게 물었다.

"청소부 아버지를 존경한다니 부럽다! 왜 아버지를 존경하니?"

"아버지는 매일 저녁 밥상에서 그날 청소하며 있었던 일들을 자세히 말씀해주셨습니다. '오늘은 사당동 어느 구간을 청소했는데 이런 일이 있었다' 이런 식이었죠. 아주 어릴 때부터 그런 이야기를 듣고 자라면서 저는 아버지가 하는 일이 매우 중요한 일이고, 고생을 많이 하시는 걸 알게 되었습니다. 그 덕분에 자연스럽게 아버지를 존경하게 되었습니다. 아버지 말씀이 끝나면 제가 겪은 그날의 일들을 이야기했습니다."

그의 이야기를 듣고 우리 아버지가 떠올랐다. 아버지는 여러 직업을 전전했다. 나는 한 번도 아버지의 일과 직업을 친구들에게 말한 적이 없었다. 친구들이 '아버지 뭐 하시노?'라고 물으면 얼버무렸다. 그런데 그 병사는 달랐다. 청소부 아버지를 존경한다고 당당하게 말했다. 그 차이는 어디서 오는 것일까? 이게 바로 명문가의 비결 '부모의 일과 고민을 자세히 말하기'이다.

노인 빈곤율이
높은 이유

2019년 OECD 국가들 중 한국의 노인 빈곤율은 48%로 세계 최고 수준에 달했다. 노인의 절반가량이 빈곤을 겪고 있다니 놀랍지 않은가. 나는 문득 이런 질문이 떠올랐다. 빈곤을 겪고 있는 노인의 자녀들은 모두 빈곤층인가?

아니다. 그런데 왜 그들은 부모를 돕지 않을까. 얼마 전 MBC 방송에서 '노년'을 주제로 다큐멘터리가 방영되었다. 이정희(가명) 씨는 60대 여성인데, 강남의 비닐하우스 촌에 살고 있다. '강남에 웬 비닐하우스?'라고 생각하겠지만, 부자 동네로 알려진 강남 양재동에는 빈곤층이 사는 비닐하우스 촌이 있어 부의 양극화를 적나라하게 보여준다. 그녀는 중학교에서 화장실 청소 일을 하며 생계를 유지하고 있었다. 서울의 명문대를 나와 남부럽지 않게 살았지만, 갑자기 IMF가 터지고 남편이 쓰러지면서 집안 형편이 기울었다. 그녀의 이야기를 들어보자.

"먹고살기 힘들었지만 돈을 벌면 모두 아이 둘을 위해 아낌없이 썼어요. 좋은 학원에 보내고, 대학교 때는 캐나다 유학까지 시켜줬어요. 덕분에 아이들은 모두 대기업에 다녀요."

자녀를 남부럽지 않게 키웠다. 취업하기가 하늘에 별 따기인 요즘에 둘 다 대기업에 다닌단다. 그런데 엄마의 피땀으로 자란 아이들은 엄마를 떠났다. 엎어지면 코 닿을 강남에서 직장을 다니지만, 명절에나 잠깐 비닐하우스에 얼굴을 비친다. 엄마는 자식을 위해 청춘을 바쳤지만, 남은 건 지독한 빈곤과 외로움이다. 이제 60이 넘은 엄마는 화장실 청소를 하며 노후를 준비한다. 왜 자녀들은 엄마를 돕지 않을까?

만약 병사의 아버지처럼 엄마가 자신의 일과 고민을 자녀에게 자세히 이야기했다면 어땠을까? 얼마나 힘들게 일하고, 얼마나 어렵게 너희들을 키우고, 학원에 보내고, 유학을 보냈는지, 자세히 알려줬다면 어땠을까? 그래도 이렇게 엄마 홀로 빈곤과 외로움을 겪게 하며 모른 척했을까?

세상에서
가장 맛있는 밥

노인 빈곤율의 통계는 숫자만 보여주지만, 나는 그 속에서 슬픔을 본다. 평생토록 자녀를 위해 희생했지만 남은 건 빈곤뿐인 노인들. 앞서 말한 사례는 그 실상을 상징적으로 보여준다. 정도의 차이는 있지만 부모와의 공감과 대화가 거의 없는 한국의 가정에서 흔히 볼 수 있는 장면이다.

밥상머리교육을 하면서 생긴 여러 변화 중의 하나는 가족의 협력이다. 매주 아이들과 대화하면서 나와 아내는 우리의 일과 고민을 자세히 말해주었다. 아빠가 요즘 무슨 일을 하는지, 엄마는 왜 퇴근이 늦는지 시시콜콜 다 이야기한다. 특히 엄마와 아빠가 얼마나 고생하며 돈을 벌고 있는지 리얼하게 말해준다. 그러자 중대한 변화가 생겼다. 어느 날 평소보다 퇴근이 늦은 날이었다. 딸 지유에게 전화가 왔다. 시간을 보니 저녁 7시 30분이었다.

"아빠! 언제 와?"

"응, 지유야. 오늘은 늦을 것 같다. 엄마도 아직 안 왔나보구나! 그런데 왜 전화했어?"

"내가 밥 해놓을까?"

"오! 그럼 완전 고맙지!"

뿌듯함이 밀려왔다. 집에 오니 아이들이 반긴다. 저녁 7시 50분, 얼른 냉장고에서 반찬을 꺼내고 아이들과 함께 밥상을 차린다. 밥솥을 열었더니 밥에서 생글생글 윤기가 흐른다. 초등학생 딸이 한 밥을 보고 있자니 눈물이 핑 돈다. 얼마 전에 밥 하는 방법을 알려주었는데 보람이 있다. 마침 아내가 도착을 했다. 아이들이 뛰어가 엄마에게 안긴다.

이제 가족이 모두 모였으니 완벽한 밥상이 준비되었다. 내가 먼저 말을 꺼냈다.

아빠: 오늘 우리 지유 칭찬 좀 해줘라.

엄마: 왜?

아빠: 이 밥 지유가 한 거야! 퇴근 전에 지유에게 전화 와서 '밥 해놓을까?'라고 말하는데 너무 기분 좋더라!

엄마: 아! 지유가 그랬구나. 고마워, 지유야!

지유는 약간 쑥스러운 듯 웃었지만 표정이 환했다.

아빠: 밥을 하니까 기분이 어때?

지유: 뿌듯해! 엄마 아빠 도와주는 기분이 들어서 좋아!

찬유: 나도 그래! 다음에는 내가 밥 할 거야.

아빠: 찬유도 칭찬해줘야 돼. 달걀 프라이는 찬유가 했어.

그날 저녁 밥상에서 퀴즈를 하나 냈다.

"이 세상에서 가장 맛있는 밥은?"

아이들은 맞히지 못했고, 나는 정답을 '지유가 해준 밥!'이라고 말해주었다. 그날 저녁 우리 가족은 지유가 해준 밥을 먹으며 웃음꽃을 피웠다. 그날 이후로는 저녁 7시가 넘었는데 아내와 내가 집에 못 들어가고 있으면 종종 아이들에게 전화가 온다.

"아빠! 내가 밥 할까?"

기특하고 뿌듯하다.

밥상머리에서 자라는 가족의 힘

또 한 가지, 찬유가 초등학교 2학년 때였다. 어느 날 '주택담보대출'이 뭐냐고 물었다. 지유와 찬유는 매일 신문 기사 하나씩을 골라서 읽는데 그날 헤드라인이 주택담보대출 금리가 오른다는 기사였다. 나는 우리 집 아파트 대출금이 7천만 원이고, 왜 대출을 받았는지, 한 달에 얼마씩 갚고 있는지 자세히 알려 주었다. 그리고 두 달이 지났다. 찬유와 직업 이야기를 하다가 질문을 던졌다.

"찬유는 나중에 돈 벌면 뭐할 거니?"

"우리 집 대출금부터 갚을 거야."

"그다음에는 뭐할 거야?"

"팽이 살 거야!"

당시 찬유는 팽이에 완전 꽂혀 있을 때였다. 그런데도 찬유는 자기가 제일 좋아하는 팽이보다 아파트 대출금을 먼저 생각했다.

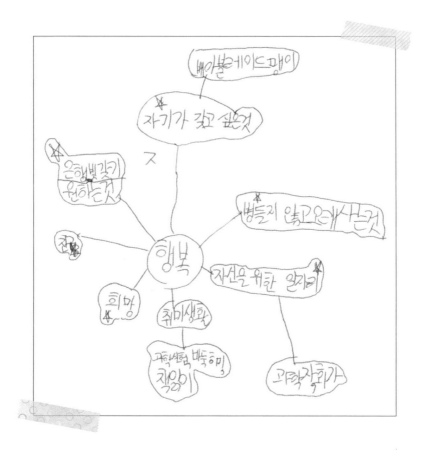

막내 찬유가 그린 행복의 조건 '마인드 맵'(2017년)

아! 나의 노후 준비는 걱정이 없다. 내가 말년에 재산이 없더라도 아이들은 우리 부부를 도울 것이다. 지금이야 늦게 퇴근하는 부모를 위해서 밥을 하는 수준이지만, 어른이 되면 더 높은 수준으로 우리 부부를 도울 것이다.

나는 명문가들을 연구하면서 왜 부모의 일과 고민을 아이에게 자세히 알려주어야 하는지 공감하지 못했다. 그러나 3년 전 아들과 나눈 이야기를 통해 알게 되었다. 가족의 협력은 부모의 일과 고민을 자세히 이야기하는 밥상머리교육에서 만들어진다. 온 세상이 나를 등질 때 유일하게 나를 믿고 찾아줄 사람은 가족이다. 가족과의 협력을 배운 아이는 나중에 친구를 돕고 어려운 사람도 도울 것이다.

아빠 자, 사진들 각자 골랐지? 아빠는 엄마 새가 아기 새한테 먹이 주려고 하는 사진을 골랐어. 이게 어떻게 보면 아빠가 돈 벌어와서 가족끼리 밥 먹는 거랑 똑같잖아. 사람이나 동물이나 같다는 생각이 들어서 골랐어. 질문 읽어볼게.

"아기 새 4마리가 싸우지 않고 먹이를 먹는 방법은?"

아들 어미 새가 지렁이를 하나 물고 왔어?

아빠 응! 딱 하나 물고 왔어.

딸 어미 새가 4등분으로 조금씩 잘라서 나눠줘. 한입씩 먹으면 되지.

아빠 엄마가 잘라줘? 그것도 하나의 방법이지. 찬유는?

아들 지렁이는 선으로 나눠져 있잖아. 거기를 딱! 잘라서 나눠주는 거지.

엄마 엄마가 한입씩 물어주고, 또 한입 주고. 이렇게 하면 되겠네.

아빠 근데 이게 참, 사람하고 똑같네. 지금 이 상황에 어울리는 속담이
      뭐지?

아들 콩 한 쪽도 나눠 먹는다.

아빠 (하이파이브) 좋아! 그런데 어미 새가 지렁이를 잡으면 혼자 먹지 않고,
      새끼를 챙겨주는 거 보면 어떤 생각이 들어?

딸   사람이든 동물이든 자식을 돕지 않으면 죽어.

아빠 그런데 부모가 그렇게 키워줬는데 자식이 커서 그 은혜를 잊는 경우
      가 많아. 우리나라가 노인 빈곤율이 1위래. '빈곤'은 뭐지?

딸   가난한 거.

아빠 그래. 못사는 거야. 그런데 우리나라는 빈곤 국가일까?

아들 아니야

아빠 우리나라 잘살잖아. 근데 노인은 둘 중에 한 명이 가난을 겪고 있다?
      왜 그럴까?

딸   가족들이 안 챙겨줘서.

아들 〈황혼의 반란〉 생각난다.

엄마 황혼의 반란? 어떤 얘기야?

아들 《나무》에 나왔던 거잖아. (《나무》는 베르나르 베르베르의 단편집이다. 찬
      유는 지난 겨울방학 때 읽었다.) 잘사는 자식들이 노인을 버리는 이야기.

아빠 맞아. 베르나르 베르베르의 소설에 나오지. 기억 나? 지유는 그거 보
      고 어떤 생각이 들었어?

딸   어이없었어.

아빠 왜? 왜 어이가 없었어?

딸 잘 키워났더니만 부모가 늙었다고 막 팔았잖아.

아빠 찬유는 그거 보고 어떤 생각이 들었어?

아들 너무 나쁘다!

아빠 찬유는 안 그럴 거야?

아들 당연하지

아빠 근데 '나는 그럴 거야!'라고 생각한 애들도 있을까? 없을까?

딸 있어.

아빠 그애는 왜 그런 생각을 가지게 됐을까?

딸 엄마 아빠가 잘 안 해줬으니까.

아빠 그래, 부모를 싫어하는 애들도 많아. 그러면 일단 부모하고 안 친한 거야. 우리처럼 자주 이야기를 나누면 안 그럴 텐데. 찬유가 얘기 잘 꺼냈다. 〈황혼의 반란〉 이야기 좀 해줘 봐.

아들 프레드라는 노인이 살고 있었는데, 자식들이 CDPD(소설에서 노인을 안락사 시키는 국가기관)에 연락해서 데려가라고 한 거야. CDPD에서 프레드를 데리러 왔는데, 창문으로 도망쳤어. 프레드가 노인들이 가득 탄 CDPD 버스를 훔쳐서 숲으로 탈출한 거야. 그래서 노인들끼리 산에 가서 살았어. 그렇게 사는데, 며칠 후에 또 두 명이 온 거야.

엄마 탈출한 노인인 거야?

아들 응. 소문이 나서 노인들이 계속 모였어. 거기서 노인들이 힘을 합쳐 총도 만들었어. 군인들이 찾아와서 전쟁을 했는데 결국 졌어. 노인들은 끌려가서 주사 맞고 죽게 돼. 젊은이가 주사 놓거든. 마지막으로 프레드가 주사를 맞는데, 그 젊은이를 째려보면서 "너도 언젠가 늙은

이가 될 게다!" 하고 주사를 맞고 죽어.

아빠 마지막 말이 의미심장하다. 지유야 무슨 뜻이야?

딸 너도 늙으면 그렇게 죽게 될 거라는 뜻.

아빠 사람은 다 노인이 되잖아. 근데 그걸 모르는 거야. 자기 젊은 것만 생
각하지. 모든 사람은 다 늙게 되고, 죽지? 자기가 부모한테 그렇게 하
면 자기도 나중에 똑같이 당하는 거지. 그건 왜 그럴지?

아들 자식들이 보고 배워.

엄마 그럼 늙은 부모를 누가 도와줘야 되는 거야?

아들 자식들이.

'아기 새 4마리가 싸우지 않고 먹이를 먹는 방법은?'에서 시작한 대
화가 노인 빈곤 문제까지 확장되었다. 나는 이것을 스토리 마인드맵이
라 부른다. 대화를 나누면서 연관성 있는 질문을 던져 계속해서 생각
을 확장하는 대화법이다. 어려운 듯하지만 친구와 수다를 떠는 방식
과 비슷하다. 이처럼 생각과 질문이 꼬리를 물다보면 이야기가 확장된
다. 아기 새로 시작해 노인까지 오면서 아이들은 가족이 왜 협력해야
하는지 알 수 있었다.

···· 아이와 함께 지혜톡톡 ····

– 스마트폰 앱스토어에서 '지혜톡톡' 앱을 무료 다운
로드 받은 후 이용 가능합니다.

지혜톡톡 앱 활용법

1 지혜톡톡 앱을 열고 '협력' 키워드를 선택한다.

2 각자 마음에 드는 사진을 하나씩 고른다.

3 아이에게 왜 그 사진을 골랐는지 물어보고
대화한다.

4 사진과 함께 제시된 3개의 질문을 아이에게
하나씩 물어보며 대화한다.

5 부모가 고른 사진으로 질문과 대화를 나눈다.

* 지혜톡톡 앱에 들어가면 더 많은
사진과 질문이 있답니다.

❶ 서로 상반되는 색이 지금 싸우고 있는 걸까, 아니면 섞이고 있는 걸까?

❷ 어떻게 다른 색(성격)들끼리 좋은 조화를 이룰 수 있을까?

❸ 세상에 하나의 색만 있다면 어떨까?

① 3명이 풍선을 나눠 가질 방법은 무엇이 있을까?

② 내 풍선을 동생이나 친구가 갖고 싶어 한다면 어떻게 행동할까?

③ 풍선을 놓친다면 친구와 어떻게 협력해 빨리 잡을 수 있을까?

① 다리를 짓기 위해 사람들은 어떤 협력을 했을까?

② 기차가 멈춘다면 어린아이를 어떻게 위로할까?

③ 위급 상황시 기차 안의 사람들은 어떤 협력을 해야 하나?

❶ 옷과 모자를 맞춰 입은 이유가 무엇일까?

❷ 무슨 상황이길래 행복하게 웃고 있는 것일까?

❸ 친구들과 무엇을 할 때 가장 행복한가?

❶ 산타클로스 할아버지가 어떻게 전 세계 아이들에게 선물을 나눠줄까?

❷ 선물과 함께 무엇을 주면 받는 사람이 더 감동할까?

❸ 최고의 선물은 어떤 선물인가?

① 길을 잃고 우는 아이가 있다면 어떻게 할까?

② 어린아이들은 왜 어른의 도움을 받아야 하는가?

③ 먼 길을 갈 때 친구와 가면 좋은 점은 무엇일까?

① 동생이 아프다면 어떻게 내려올까?

② 바위에 앉아서 무슨 이야기를 하고 있을까?

③ 가족과 함께해서 즐거웠던 경험은 무엇이 있을까?

'미덕'을 하면 구체적으로 무엇이 좋을까? '3찰'이 가능해진다.

3찰이란 '관찰-성찰-통찰'을 말한다. 미덕을 하면 자연스럽게 내

마음을 관찰하고 성찰하면서 통찰을 얻는다.

14

미덕

......

아이의 마음밭에 뿌리는 행복의 씨앗

너와 나의 아름다운 가치, 미덕

　　　　　　　사람의 마음속에는 아름다운 가치들이
있다. 그것을 미덕이라 부른다. 미덕은 아름다운 덕이라는 뜻인데, 아
름다운 마음과 같은 말이다. 마음속에 있는 미덕을 아이와 나누면 어
떤 변화가 일어날까? 아이의 마음속에 행복의 씨앗이 뿌려진다. 씨앗
이 자라면서 아이의 마음도 함께 자란다.

　내가 한국형 하브루타로 개발한 지혜톡톡 앱에 '미덕' 편을 넣은 이
유는 아이의 마음밭에 행복의 씨앗을 뿌리기 위해서였다. 아이들과
미덕으로 대화를 나누면 뿌듯한 마음이 가득 차오른다. 아이의 마음
속에 행복의 씨앗이 자라고 있음을 느낄 수 있기 때문이다.

　미국에서 시작된 버츄(미덕) 프로젝트는 아이의 인성을 키우는 데
효과가 좋은 방법으로 인정받고 있다. 지금은 전 세계에 확산된 독보
적인 인성 프로그램이라 할 수 있는데, 버츄 프로젝트를 하려면 카드

를 구매해야 하고 여러 가지 방법을 익혀야 한다. 나는 버츄 프로젝트를 공부하고 벤치마킹해서 누구나 쉽게 사용할 수 있도록 만들었다.

나도 잘 몰랐던
내 마음 관찰

'미덕'을 하면 구체적으로 무엇이 좋을까? '3찰'이 가능해진다. 3찰이란 '관찰-성찰-통찰'을 말한다. 미덕을 하면 자연스럽게 내 마음을 관찰하고 성찰하면서 통찰을 얻는다. 지혜톡톡 앱에서 '미덕' 편에 들어가면 50개의 아름다운 가치들이 뜬다. 마음을 끄는 미덕을 선택하고, 제시된 질문으로 대화를 나누는 과정에서 3찰을 얻게 된다.

나와 있는 10개의 질문 중 1번 질문은 '내가 가장 좋아하는 미덕'이다. 이 질문에 대답하기 위해서는 나의 마음을 자세히 들여다보며 관찰해야 한다. 좋아하는 미덕을 고른 다음 상대방에게 설명하는 과정에서 모호했던 자신의 마음이 선명하게 드러난다. 나도 잘 몰랐던 나의 모습이 드러나는 그 순간! 나는 그 어렵다는 '내 마음 관찰'에 성공한 것이다.

2번 질문은 '내가 부족한 미덕'이다. 나는 자주 조급해하고 화를 내며 실수를 한다. 아마 이 글을 읽고 있는 당신도 가끔 그런 감정을 느낄 것이다. 그러나 알고는 있지만 구체적으로 말하는 경우는 거의 없다. 2번 질문을 받으며 나의 부족함을 구체적으로 돌아보는 성찰의 단계에 들어간다. 나의 일상을 돌아보고, 후회하며 반성하는 그 순간!

보이지 않는 죽비가 어깨를 내려치는 통찰이 온다. 그 청량한 소리에 마음이 맑아진다. 반복되는 일상에서 나다움을 다시 일깨우는 것이 미덕이다.

이 외에도 최근 기뻤던 일과 연관된 미덕, 최근 힘들었던 일과 연관된 미덕, 최근 내가 실천한 미덕, 현재 나의 문제를 해결할 미덕, 우리에게 가장 필요한 미덕, 최근 서로(가족, 친구, 동료 등)에게 느꼈던 미덕(칭찬) 등의 질문을 선택할 수 있다.

미덕으로
마음이 자라는 아이들

이러한 질문에 답을 생각해보고 설명하다보면 자연스레 자기 마음을 관찰하고 성찰해 깨달음을 얻을 수 있다. '미덕'을 자주 하면 아이의 마음이 쑥쑥 자란다. 아이의 신체는 줄자로 재어보면 금방 알 수 있지만 마음의 성장은 보이지 않는다. 미덕 하브루타를 해보면 아이의 마음이 얼마나 성장했는지 가늠해볼 수 있다.

아이들과 80분 정도 미덕 하브루타를 하면서 우리 아이들의 마음이 그새 많이 자라있음을 확인했다. 덤으로 나의 마음을 들여다보며 일상에 찌든 마음의 때를 씻어내기도 했다. 덕분에 마음이 한결 가볍고 평온하다.

"최근 내가 실천한 미덕은 무엇인가?"

지유는 위의 질문을 받고 50개의 미덕 중에 '꿈'을 골랐다. 그리고 요즘 새롭게 생긴 꿈이 '유치원 교사'라며 웃어 보였다. 왜 지유는 최근에 실천한 미덕을 꿈이라고 말했을까? 삶에서 꿈과 희망을 잃지 않는 것이 얼마나 중요한지 알고 있는 것이다. 자신의 꿈이 마음속에 있는 한 희망은 사라지지 않는다는 것도!

지유는 꿈의 사냥꾼이다. 꿈이 사라지면 늘 다시 새로운 꿈을 찾아 나선다. 그 바탕에는 내가 미덕을 통해 뿌린 행복의 씨앗이 있다. 그 씨앗이 싹을 틔우고 지유는 꿈과 희망의 가치를 마음속에 꽃피웠다. 마음이 튼튼한 지유와 찬유는 세찬 비바람을 맞고 넘어져도 다시 일어날 것이다. 그리고 삶의 시련을 경험으로 삼아 새로운 희망을 만들어 자신의 길을 갈 것이다. 그 나침반이 바로 미덕이다.

아빠 오늘은 '내가 부족한 미덕'으로 해보자. 각자 내가 부족한 미덕 하나
씩 골라봐. 지유는 뭐 골랐어?

딸 칭찬!

아빠 지유는 왜 칭찬이 부족하다고 생각해?

딸 내가 다른 사람한테 칭찬을 잘 안 해서 골랐어.

아빠 그러면 지유가 칭찬 릴레이 해보자. 우선 엄마부터 칭찬부터 해봐.

딸 엄마는 너무 예뻐. 마음씨가 좋고, 항상 긍정적이야.

아빠 좋아! 이번에는 지유가 아빠를 칭찬해봐.

딸 아빤 열정적이야. 토론할 때도 그렇고……. 또 긍정적이야.

아빠 긍정적이고 열정적이고! 그래, 좋아. 그럼 이제 가장 중요한 거야. 스스로를 칭찬해 봐.

딸 요즘 글을 열심히 썼어. (지유는 요즘 하루에 하나씩 주제를 잡아서 글을 쓰고 있다)

아빠 또 뭐가 있을까? 성격 면에서 스스로를 칭찬해 봐.

딸 성격이 괜찮아진 거 같아.

아빠 전에는 어땠는데?

딸 괴팍했어. 6개월 전쯤만 해도 되게 까탈스러웠는데 요즘 조금 괜찮아진 것 같아.

아빠 계속 노력하고 있는 거야?

딸 응!

아빠 좋아! 그다음 또 하나만 더 칭찬해보자. 요즘 글을 열심히 썼고, 성격이 좀 좋아진 거 같다, 세 번째 뭐가 있을까?

딸 긍정적이야.

아빠 오케이! 이제 아빠가 해볼게. 지유는 속이 깊은 거 같아. 마음속 깊은 곳에 아주 좋은 마음들이 자리하고 있어. 아빠는 느끼고 있어. 그런 걸 '착하다'고 하는 거지? 마음속 깊이 착한 마음이 있어. 두 번째는 엄마, 아빠, 동생, 우리 가족을 많이 사랑하고 있어. 맞아, 딸?

딸 응.

아빠 세 번째! 평소에 책을 열심히 읽어. 네 번째! 생각이 깊어. 곱씹어서 생각하는 장점이 있어. 그리고 다섯 번째! 자기가 부족한 것에 대해서 나아지려고 노력해. 아까 전에도, 성격이 괴팍했는데 자기가 바꾸려고 노력했다고 했잖아. 그렇지?

딸　응.

아빠　그런 게 좋은 거야. 자기반성을 하고 성찰한다는 거지. 그래서 한마디로 참 좋은 친구야, 우리 딸은.

딸　친구라고?

아빠　응. 아빠한테 좋은 딸이자 좋은 사람이야.

아빠　그리고 지유는 마음이나 감정을 표현하는 게 좀 부족하니까, 표현을 많이 해주면 좋을 것 같아. 고마우면 '고맙다', 미안하면 '미안하다', 사랑하면 '사랑한다'……. 알았지? 근데 사실 요즘은 표현이 많이 늘었어. 앞으로도 노력해봐, 지유야. 알았지?

딸　응. 알았어.

아빠　이제 지유가 미덕에 나오는 칭찬에 대한 글을 읽어보자.

딸　"칭찬은 상대방의 좋은 점을 높이 평가해주는 말입니다. 대부분의 사람들은 칭찬을 받으면 기분이 좋아집니다. 자신을 칭찬한 사람에게는 호감을 가져서 친밀한 관계가 됩니다. 칭찬은 삶의 좋은 습관입니다. 칭찬은 구체적으로 하세요. 칭찬을 자주 하는 사람의 표정은 행복합니다."

아빠　지유는 이 중에 어떤 말이 가장 와 닿아?

딸　'칭찬은 삶의 좋은 습관입니다'

아빠　이제 칭찬 잘할 수 있겠니?

딸　응!

···· 아이와 함께 지혜톡톡 ····

– 스마트폰 앱스토어에서 '지혜톡톡' 앱을 무료 다운
로드 받은 후 이용 가능합니다.

지혜톡톡 앱 활용법

1 다음의 ❶~❿ 중에서 질문 하나를 고른다.
2 지혜톡톡 앱에서 '미덕' 키워드를 열고, 질문에
   해당하는 미덕을 각자 하나씩 고른다.
3 왜 그 미덕을 선택했는지 이야기하고, 편하게
   대화를 나눈다.
4 이야기가 끝나면 미덕에 써 있는 글을 읽는다.

* 지혜톡톡 앱에 들어가면 더 많은
'미덕' 사진이 있답니다.

❶ 내가 가장 좋아하는 미덕

❷ 내가 부족한 미덕

❸ 최근 기뻤던 일과 연관된 미덕

❹ 최근 힘들었던 일과 연관된 미덕

❺ 최근 내가 실천한 미덕

❻ 현재 나의 문제를 해결할 미덕

❼ 우리에게 가장 필요한 미덕

❽ 최근 서로(가족, 친구, 동료 등)에게 느꼈던 미덕(칭찬)

❾ 선택한 미덕에 대해 각자 질문을 만들고 대화를 나눈다.

❿ 선택한 미덕에 대해 각자 새로운 정의를 내린다.

감사

공감

믿음

예의

용서

인내

인성

협력

겸손

기쁨

꿈

너그러움

몰입

봉사

소통

열정

재미   정의

존중   진실

책임   청결

평안   희망

키워드를 가지고 질문을 던지면 한 가지 주제를 깊고 넓게 탐구할 수 있다. 키워드 인문학으로 인간과 세상에 대한 즐거운 탐구와 통찰을 시작해보자.

15

키워드

언어의 화석에서 만나는 거대한 공룡

키워드로
생각 풀어내기

키워드(Keyword)는 우리 삶을 열어주는 열쇠이다. 영어 'Key'와 단어 'Word'가 합쳐진 말이니, 세상의 문을 여는 열쇠라는 뜻이 아닐까? 사회 환경에 따라 주요 키워드는 변화한다. 현재 우리가 자주 쓰는 키워드를 분석하면 시대의 자화상을 마주하게 된다. 이제는 시대의 흐름이 되어버린 빅데이터 활용 산업도 키워드 분석에서 시작한다. 이처럼 사람의 모든 생각은 키워드로 표현되고 완성된다.

글로벌 베스트셀러 작가 유발 하라리는《21세기를 위한 21가지 제언》이라는 책에서 오늘날의 인류가 처한 핵심 문제를 21가지의 키워드로 풀어냈다.

환멸, 일, 자유, 평등, 공동체, 문명, 민족주의, 종교,

이민, 테러리즘, 전쟁, 겸허, 신, 세속주의, 무지, 정의,
포스트-트루스, 과학 소설, 교육, 의미, 명상

나는 이 책을 3번 읽었는데 처음에는 21세기의 문제가 궁금해서 읽었고, 나머지 2번은 대학교 수업 교재로 선택해 학생들과 같이 읽었다.

수업 첫날 책을 들고 가서 학생들에게 보여줬더니 '저게 책이야? 벽돌이야?' 하는 표정이었다. 책이 좀 두껍기는 해도 술술 잘 읽히는 책이니 걱정 말라고 너스레를 떨긴 했지만 '너무 무모한 건 아닐까? 학생들이 잘 따라올까?' 걱정도 되었다. 그렇다고 책을 바꿀 수는 없으니, 매주 하나씩 키워드를 정해주며 해당 내용을 수업 전에 읽어오라고 했다. 그리고 키워드와 관련된 질문을 10개씩 뽑아 오도록 시켰다. 학생이 50명이니 매 시간 질문이 500개씩 모였다. 학생들은 자기가 준비해온 질문으로 세 시간 수업 동안 열띤 토론을 벌였다. 수업이 끝나고 학생들의 반응은 어땠을까?

"내가 이런 두꺼운 책을 다 읽었다니 감사해요. 교수님"
"태어나서 처음으로 지적 희열을 느꼈습니다."
"내가 살고 있는 세상에 대해 많이 알게 되었습니다."

이제 막 교복을 벗어 던지고 세상을 탐색해가는 대학교 1학년들이었다. 그들은 유발 하라리가 던진 키워드로 밀도 있게, 때로는 깊숙하게 세상을 들여다보았다.

세상을 여는 키,
키워드 인문학

　　　　　　　　　나는 이것을 키워드 인문학이라 부른다. 집은 키로 열지만 세상은 키워드로 열 수 있다. 다행히 강의 만족도는 5점 만점에 4.6으로, 꽤 높은 점수가 나왔다. 무엇보다 수업 내내 희열을 느낄 수 있어 좋았다. 많은 사람들이 읽다가 포기하는 '벽돌 책'으로 학생들의 기를 죽이지는 않을까 싶었지만 기우에 불과했다. 학생들은 키워드로 세상의 문을 열고 들어가 유발 하라리가 던진 논쟁적인 질문들에 당당히 맞섰다. (고마워요, 유발 하라리!)

　유발 하라리가 인류의 백 년을 키워드로 풀어냈다면, 서울대학교 김난도 교수는 매년 한국의 일 년을 키워드로 풀어간다. 《트렌드코리아 2008》을 시작으로, 이 시리즈는 올해도 어김없이 나왔다. 그는 매년 10개의 키워드로 한국의 트렌드를 제시해왔다.

멀티 페르소나(부캐), 라스트핏 이코노미,

페어 플레이어, 스트리밍 라이프, 초개인화 기술, 팬슈머,

특화생존, 오팔세대, 편리미엄, 업글인간

　김난도 교수가 2020년의 키워드로 뽑은 내용이다. 유재석(유산슬), 김신영(다미이모) 등의 색다른 활약에서 알 수 있듯이 '부캐(부가 캐릭터)'는 2020년의 최고 트렌드가 되기도 했다. 지난 13년 동안 그가 제시한 키워드는 우리 사회를 여는 키(Key)였다. 특히 아래의 키워드는 우리 삶을 근본적으로 변화시키는 역할을 하기도 했다.

소확행, 워라밸, 뉴트로, 나나랜드, 컨셉, 가심비, 케렌시아, 스펙

구글과 유튜브는 세상의 모든 지식을 빨아들이는 빅데이터 블랙홀이다. 블랙홀로 들어가기 전 지식은 해체되어 키워드만 남는다. 사람들은 유튜브, 페이스북에 올리는 콘텐츠에 키워드를 태그한다. 키워드는 블랙홀로 빨려 들어가 서로 융합되어 새로운 지식으로 탄생한다. 이처럼 키워드는 지식을 분해하면 마지막에 남겨지는 핵이다. 지혜톡톡 앱의 제일 마지막에 키워드를 배치한 이유가 거기에 있다. 키워드가 지식과 지혜를 나누는 히든카드이기 때문이다.

키워드를 가지고 질문을 던지면 한 가지 주제를 깊고 넓게 탐구할 수 있다. 레오나르도 다빈치는 '모든 연구의 시작은 그 근원을 찾는 데 있다'고 말했다. '한국의 대표 지성'으로 불리는 이어령 박사 역시 '나는 모든 문제를 어원으로 접근한다'며 어원은 화석과 같아서, 자신은 고고학자처럼 화석 조각을 찾아 거대한 공룡을 그린다고 했다.

이처럼 이어령과 레오나르도 다빈치의 통찰력은 키워드의 근원을 찾고 질문을 던지며 출발한다. 키워드 인문학으로 인간과 세상에 대한 즐거운 탐구와 통찰을 시작해보자.

아빠 각자 마음에 드는 키워드 하나씩 골라볼까? (5분 뒤) 그럼 지유가 고른 '세종대왕'부터 해보자. 질문이 뭐니?

딸 "세종대왕은 왜 한글을 만들었을까요?"

아들 '나랏말싸미' 중국과 달라서?

아빠 좋아! 또 다른 이유는 뭘까?

아들 백성을 위해서 만들었어. 백성이 한자를 어려워하니까 쉬운 글자를 만든 거지.

아빠 잘했다, 아들! 지유는 어때? 세종대왕이 왜 글자를 만들었을까?

딸 백성들을 편하게 하려고

아빠 글자를 알면 백성들이 편해져?

딸 응. 소통을 잘할 수 있지.

아빠 그렇지. 그다음에 또 뭐야? 백성들이 글을 알면 좋아지는 점이 뭘까?

딸 안내문 같은 걸 읽을 수 있고 글을 쓸 수도 있어

아빠 글을 쓰면 뭐가 좋아?

딸 편지를 보낼 수 있어.

아빠 좋아. 또 글을 알게 되면 뭘 할 수 있어?

아들 공부를 할 수 있어.

아빠 그렇지. 책을 읽을 수 있잖아. 책을 읽게 되면 뭐가 좋아져?

아들 머리가 좋아져.

아빠 왜 좋아져?

딸 지식이 쌓이니까, 머리가 좋아져.

아빠 그렇지. 예를 들면 글을 모르던 농부가 한글을 배우게 됐어. 그리고 '농사 잘 짓는 법'이라는 책을 읽게 된 거야. 농사를 효율적으로 지어서 쌀 수확량이 확 늘 수도 있는 거지.

딸 그렇게 해서 농사를 더 잘 짓게 되고 남는 시간에 문화도 즐기게 되고. 좋네.

아빠 언어가 없는 민족은 자기 문화가 없다고 볼 수 있어. 그런 나라가 어디에 있어?

아들 남아메리카.

아빠 그렇지. 남아메리카에 어떤 나라들이 있어?

아들 베네수엘라, 콜롬비아?

아빠 맞아. 이런 나라들은 어떤 언어를 쓰지?

아들 스페인어?

아빠 맞아. 찬유야. 남미가 스페인 문화권이지. 그 나라들은 스페인어를 많이 써. 옛날에 스페인이 다 장악했잖아. 그래서 자기네 말을 다 잊어버렸어. 언어를 잃어버리니까 서서히 문화도 잃어버린 거지. 언어를 잃으면 문화도 잃게 되는 거야.

아들 다음 질문은 "한글의 장점은 무엇인가?"

아들 쉬워.

아빠 어떻게 쉬워? 구체적으로 얘기해 봐. 만약에 일본 사람이 "한글은 뭐가 좋습니까? 저한테 설명 좀 해주세요" 그러면 뭐라고 할 거야?

아들 일단 모든 소리를 다 쓸 수 있어.

아빠 다음?

아들 모든 소리를 다 말할 수도 있고, 외우기도 편하고.

아빠 왜 외우기가 편하지?

아들 문자가 적잖아.

아빠 구체적으로 어떻게 적어?

아들 한글은 모음 자음이 세트가 돼서 만들어진 건데, 거기에는 문자가 아주 적어.

아빠 자음이 몇 개야?

딸 열일곱 개?

아빠 자음 모음 합해서 스물여덟 개일걸? 검색해 봐, 지유야!

딸 자음 모음 개수는 총 24개로 자음이 열네 개, 모음이 열 개야.

아빠 그렇구나! 자음하고 모음이 합쳐져서 글자가 완성이 되는 거야. 중국어를 잘 구사하려면 대략 한자 몇 개를 알아야 할까?

딸 만 개.

아들 5만 개.

아빠 그래. 최소한 만 개 이상은 알아야 해. 어마어마하지? 영어로 책을 적는 거랑 한글로 책을 적는 거랑 책 두께가 어떤 게 적겠어?

아들 한글.

아빠 우리는 한글 때문에 똑같은 지식을 더 빨리 얻을 수 있는 거야.

⋯ 아이와 함께 지혜톡톡 ⋯

– 스마트폰 앱스토어에서 '지혜톡톡' 앱을 무료 다운
  로드 받은 후 이용 가능합니다.

지혜톡톡 앱 활용법

1 지혜톡톡 앱을 열고 '키워드'를 선택한다.
2 각자 마음에 드는 사진을 하나씩 고른다.
3 제시된 질문으로 대화를 나눈다.
4 해당 키워드에 새로운 질문을 만들어 대화를
  나눈다.

* 지혜톡톡 앱에 들어가면 더 많은
  사진과 질문이 있답니다.

사랑

❶ 사랑이 변할까?

❷ 사랑은 어떤 감정일까?

❸ 사랑하는 사람을 잃는다면 어떤 기분일까?

여행

① 왜 사람들은 여행을 떠날까?

② 함께 여행을 가고 싶은 사람은 누구인가?

③ 무전여행을 가면 어떤 일이 벌어질까?

시계

① 시계가 없다면 어떨까?

② 시계를 발명한 이유는 무엇일까?

③ 시계를 보면 어떤 생각이 드는가?

❶ 똑같은 것을 보아도 사람마다 생각하는 게 다른 이유는 무엇일까?

❷ 눈을 보면 그 사람을 알 수 있을까?

❸ 사고로 눈을 다쳐서 맹인이 된다면 어떨까?

투명인간

❶ 투명인간이 된다면 무엇을 해보고 싶은가?

❷ 투명인간과 같은 사람은 어떤 사람인가?

❸ 거짓 없이 투명한 사람이 있을까?

난민

❶ 난민은 왜 발생하는가?

❷ 한국은 난민을 받아야 하는가?

❸ 당신이 난민이라면 어느 나라에 갈 것인가?

여성

❶ 내일 당신의 성별이 바뀐다면 어떨까?

❷ 여성은 왜 보호받아야 하는가?

❸ 여성이 없다면 세상은 어떻게 될까?

책속부록

K-하브루타 핵심 활용법

1. 질문 하브루타

부모가 아이에게 질문을 하면, 아이는 생각을 시작한다. 생각을 키우는 가장 큰 힘은 질문이다. 그래서 하브루타의 핵심은 '질문하기'다. 유대인들은 질문을 통해 소통하고 비판적 사고력과 창의력을 키운다. 유대인 부모들은 아이가 학교에서 돌아오면 이렇게 묻는다.

"오늘 선생님에게 뭘 질문했니?"

한국의 부모들은 어떨까? "오늘 학교에서 뭐 배웠니?"라고 하지 않을까?

여기에는 분명한 차이가 있다. 선생님에게 질문을 하는 것은 배움에 대한 적극적인 행동이지만, 선생님에게 듣고 배우는 것은 수동적인 배움이기 때문이다.

유대인에게 질문은 밥을 먹는 것처럼 일상적이다. 유대인 부모들이 아이와 가장 많이 하는 놀이 중 하나가 질문 게임이다. 하나의 단어나 현상을 두고 번갈아 가면서 계속 질문을 던지는 것이다. 당연하고 근본적인 질문을 통해 사물과 현상을 깊게 파고든다. 유대인에게 질문이란 세상을 가장 쉽고 깊게 알아가는 공부법이다. 유대인들이 각 분야에서 노벨상을 휩쓰는 저력은 이처럼 질문이 살아 있는 일상에서 비롯된다. 세계적인 커뮤니케이션 컨설턴트 도로시 리즈는 질문의 7가지 원리를 이렇게 말했다.

1. 질문을 하면 답이 나온다.
2. 질문은 생각을 자극한다.
3. 질문을 하면 정보를 얻는다.
4. 질문을 하면 통제가 된다.
5. 질문은 마음을 열게 한다.
6. 질문은 귀를 기울이게 한다.
7. 질문에 답하면 스스로 설득이 된다.

질문은 누군가의 생각, 마음, 대화를 여는 열쇠가 된다. 질문을 통해 아이의 잠재된 힘을 구체적으로 끄집어낼 수 있다. 부모가 아이와 대화할 때 질문이 없다면 일방적인 훈육으로 그치고 만다. 질문은 아이와 활발하게 소통하며 대화를 지속하는 힘이다. 아이와 대화를 하면 어색하다는 부모들이 많다. 특히 아이들이 사춘기에 접어들면 거의 모든 집에 대화가 사라진다. 사춘기 아이와 친밀하게 대화하는 부모가 있으면 주위 사람들에게 부러움을 받기까지 한다.

왜 그럴까? 대화는 질문으로 시작하는데 부모와 아이 모두 무슨 질문을 해야 할지 모르기 때문이다. 한국인들은 질문하기를 어려워한다. 대학에서 강의를 할 때마다 질문 없는 학생들을 만난다. 학부모를 대상으로 하는 강연도 마찬가지다. 한국인에게 질문이 어려운 것은 집과 학교에서 질문하기를 배우지 않기 때문이다.

그러나 걱정하지 마시라!

지혜톡톡 앱에 들어가면 수천 개의 질문이 있으니 따로 질문을 만들 필요 없이 아이와 쉽고 편하게 대화를 나눌 수 있다. 지식과 지혜는 덤이다.

또한 내가 집에서 아이들과 자주 하는 질문 게임과 질문 꼬리 물기를 활용하면 더욱 재미있게 활발한 소통을 할 수 있다.

질문 게임 방법

1. 일상생활에서 자주 쓰는 하나의 키워드를 질문 게임 주제로 선택한다.

2. 가령 '행복'이라는 키워드를 골랐다면 끝말잇기처럼 한 명씩 돌아가며 행복에 관한 '질문'을 한 가지씩 말하고 메모 또는 녹음을 한다. 마지막까지 질문을 내는 사람이 승리한다.

3. 게임을 하며 기록한 질문으로 대화를 시작한다. 한 사람씩 자기가 만든 질문을 말하고, 서로의 생각을 주고받으며 대화한다.
   - 이때 상대방이 어떤 대답을 하든 칭찬하며 긍정적으로 받아들이는

브레인스토밍 방식으로 대화를 이끌어 아이들이 즐겁게 느끼도록 하는 것이 중요하다

4. 대화를 끝낼 때는 "행복은 설레임이다!" 등 나만의 '한줄평'으로 처음에 정했던 키워드에 대한 정의를 내리고 마친다.

가끔 아이들과 질문 게임을 한다. 특히 장시간 이동해야 하는 차 안에서 많이 한다. 휴대폰으로 질문 게임을 녹음했다가, 집에 돌아오면 녹음해둔 질문을 살려서 대화를 나눈다. 질문은 그 자체로 훌륭한 토크박스 역할을 한다.

지속적 대화를 위한 비법 : 질문 꼬리 물기

1. 아이에게 질문을 하면서 대화를 시작한다.
– 정답이 정해진 것보다, 생각을 묻는 확장형 질문이 좋다.

2. 아이가 대답을 하면 그 내용 중에서 적당한 질문을 만들어 다시 질문을 한다.

3. 같은 방식으로 '질문–대답–질문–대답–질문'을 반복하며 대화를 이어나간다.

4. 아이가 어떤 대답을 하더라도 '좋은 생각이다!'라며 긍정 피드백을

해주는 브레인스토밍 대화를 한다. 칭찬은 내성적인 아이도 수다 쟁이로 만들어준다.

소크라테스 질문식 대화법이 곧 '질문 꼬리 물기'다. 질문 꼬리 물기는 하나의 키워드를 중심으로 관련 단어들로 확장해가는 마인드맵과 같다. 단어가 질문으로 바뀔 뿐이다. 나는 거의 매일 아이들과 질문 꼬리 물기로 대화를 한다. 질문 꼬리 물기로 그동안 내가 겪었던 일들과 생각들을 이야기로 들려준다. 나는 이것을 '스토리 마인드맵'이라고 이름 지었다. 마인드맵 방식으로 대화를 이어가며 관련 스토리를 나누기 때문이다. 이런 방식으로 대화를 나누면 부모의 경험과 지혜가 이야기 형태로 아이에게 자연스럽게 전해진다.

2. 신문 활용(NIE) 하브루타

명문가들의 교육법을 연구하면서 몇 가지 공통점을 발견하였다. 그중 하나가 신문을 활용하는 밥상머리교육이다. 미국 최고의 명문가로 인정받는 케네디 가문이 대표적이다. 원래 케네디 가문은 아일랜드 이민자 출신의 전형적인 '흙수저' 집안이었다. 케네디 가에 시집온 로즈 여사가 명문가로 키워냈는데 그 핵심이 신문 활용 교육법에 있었다.

9남매를 키우다 보니 집 안은 매일 전쟁터와 같았지만, 힘든 상황 속에서도 로즈 여사는 식탁 옆에 게시판을 만들고 매일 신문 기사를 하나씩 스크랩해서 붙여놓았다. 글을 읽을 수 있는 아이들은 신문 기사를 읽고 와야 밥을 먹을 수 있었다. 그러면 밥을 먹으면서 곧바로 그 기사를 주제로 토론이 진행되었다. 신문 활용 교육을 통해 9남매는 늘 이런 생각을 하게 되었다.

- 지금 세상에 무슨 일이 벌어지고 있나?
- 대통령은 어떻게 대처하고 있나?
- 그 일은 나와 무슨 상관이 있나?
- 내가 대통령이라면 어떻게 대처할까?

어릴 때부터 신문을 통해 이런 생각을 쌓아온 9남매는 훗날 미국의 리더가 되었다. 차남이었던 케네디는 미국의 대통령이 되고 나서 이렇게 말했다.

"어릴 때는 내성적인 성격인 데다 말을 더듬는 탓에 극도로 말하기를 싫어했다. 지금 내가 말을 잘하게 된 이유는 날마다 밥상에서 벌어진 토론 덕분이었다."

케네디의 밥상 토론은 신문이 있었기에 가능했다. 한국에서 보기 드문 600년 명문가에서 자라난 윤여준 전 환경부 장관 또한 어느 인터뷰에서 자신이 자녀들을 키우면서 가장 효과가 좋았던 교육법은 신문을 활용한 교육이었다고 밝혔다.

"부모와 자녀가 대화가 없는 이유는 공통 관심사가 없기 때문이다. 자녀와 대화를 잘하려면 의식적으로 대화거리를 만들어야 한다. 신문을 활용하면 자연스럽게 대화와 토론으로 이어진다."

우리 집은 주말에 1시간 이상 신문으로 대화와 토론을 한다. 벌써 5년째 이어지고 있어 이제는 우리 집의 전통으로 자리를 잡았다. 어느 날 찬유에게 나중에 결혼해서 아이들이 생기면 우리처럼 이렇게 매주 신문으로 토론을 하겠냐고 물어보았다.

"나도 할 거야. 신문으로 토론하면 재미있어. 매일 새로운 이야기가 나오니까 좋아. 배우는 것도 많고."

지유와 찬유는 학교에 다녀오면 매일 신문을 펴고, 1개의 기사를 직접 골라서 읽는다. 그리고 자기가 읽은 기사의 제목을 바꾼다. 10분이면 끝나는 일이라 부담이 없다. 처음에는 조금 어려워했지만 지금은 기자처럼 헤드라인을 잘도 뽑아낸다. 가끔은 원래 제목보다 훨씬 더 생생하게 바꿔놓기도 한다. 신문 기사를 매일 하나씩 읽으면서 아이들에게 세 가지 변화가 생겼다.

첫째, 어른들도 읽기 어려워하는《사피엔스》같은 책을 읽고 이해하는 정도의 독해력과 사고력이 생겼다. 둘째, 신문 기사의 문장은 대개 주어 1개와 술어 1개로 구성될 정도로 간결하고 논리적이다. 이런 글을 매일 읽다 보니 지유와 찬유도 점점 짜임새 있는 글을 쓰게 되었다. 셋째, 세상이 어떻게 돌아가고 있는지 잘 알고, 시사상식과 트렌드에 밝은 아이들이 되었다.

아이들이 학교에서 배우는 교과서는 거의가 과거의 이야기지만, 신문은 '오늘의 뉴스'를 다룬다. 날마다 정치, 경제, 사회, 문화, 트렌드 등 새로운 정보들이 쏟아진다. 거기다 매일 아침 배달까지 해주니 아이들과 대화하고 토론하기에 이보다 더 좋은 교재가 없다.

대통령과 CEO 등 세상을 움직이는 리더들은 아직까지도 매일 아침 종이 신문을 본다. 신문은 세상을 들여다보는 가장 좋은 창이기 때문이다. 인터넷에는 자극적인 가짜 뉴스가 판을 치지만, 종이 신문에는 탄탄한 논리와 고급 정보로 무장한 기사가 많다. 미국의 오바마 전 대통령이 매일 아침 종이 신문 6개를 보는 이유다.

나는 특강을 통해 신문으로 하브루타 하는 방법을 알려주고 있는데, 부모들에게 이런 질문을 자주 듣는다. "교수님이니까 가능한 거 아닌가요?" "우리 아이는 아직 어린데 할 수 있을까요?"

이러한 질문에 대한 대답은 실제 내 강의를 듣고 직접 실천한 엄마들의 후기로 대신하겠다. 허락을 받고 녹음한 것을 글로 옮긴다.

7살 아이 엄마의 사례

"난생 처음 아이 아빠하고 저하고 아이하고, 셋이서 신문을 돌아가며 읽기 시작했어요. 읽다가 틀리면 다음 사람으로 읽는 기회가 넘어가도록 했는데 아이는 아직 읽는 게 서툴기 때문에 세 번의 기회를 주기로 했어요. 아이가 처음 읽을 때는 되게 서툴렀는데, 자기가 틀리면 다음 사람으로 읽기 순서가 넘어가니까 욕심을 막 내는 거예요. 틀리지 않으려고 집중해서 읽으니까 어느 순간부터는 신문을 너무 잘 읽더라고요. 눈앞에서 그런 체험을 하니까 남편이랑 제가 너무 놀랐어요. 아! 효과가 이렇게 나타나는구나!"

8살 아이 엄마의 사례

"제가 강의를 듣고 집에 가서 남편에게 신문으로 대화 나누는 방법을 알려주고, 주말마다 아침을 먹고 하브루타를 하기로 했어요. 처음에는 남편이 애들이랑 신문을 같이 보면서 처음부터 끝까지 헤드라인을 쭉 읽기만 했어요. 그런데 애들이 "엄마! 이 단어는 처음 보는데?

신문에는 이런 단어가 나오는 거야?"라며 신기해하더라고요. 잘 모르는 단어는 네이버에서 같이 검색해서 알아보고 서로 이야기 나누니까 한 시간이 금방 갔어요. 아이들 어휘력이 정말 많이 늘겠구나 싶고, 무엇보다 가족들이 모여서 얘기하는 그 시간이 엄청 소중하더라고요. 다 같이 깔깔깔 웃고, 애들은 박수치면서 좋아하고, 되게 행복했어요. 그런 경험을 처음 했는데 제 자신이 너무 뿌듯했어요."

13살 아이 엄마의 사례

"요즘 아들이 자전거에 꽂혀서 자꾸 비싼 자전거를 사달라고 해서 사이가 안 좋았거든요. 그런데 하필 신문에 딱 자전거 관련 기사가 나오니까 애가 눈이 커진 거예요. 어쩔 수 없이 자전거로 꼬리 물기 대화를 나눴어요. 자전거가 왜 좋냐? 자전거 하면 뭐가 떠오르냐? 이런 식으로요. 그때 깜짝 놀랐어요. 아들이 자전거에 대해 거의 전문가 수준으로 알고 있더라고요. 나중에는 진로 얘기까지 나와서 자전거와 연관되는 기계공학과를 가고 싶다 하기에 좋다고 했어요. 신문으로 아들의 속마음과 진로까지 알게 돼서 너무 좋았어요."

신문 활용 하브루타 방법

1. 신문 기사를 하나 선정해서 아이와 나눠 읽는다.
 - 문단별로 나눠 읽거나 읽다가 틀리면 다음 사람으로 넘어가는 게임 식으로 한다.

2. 기사를 읽고 나서 핵심 단어 3개를 적는다.

3. 왜 그 단어를 골랐는지 질문하면서 대화를 시작한다.

4. 기사에 대한 질문을 각자 3개씩 쓰고, 질문으로 대화를 나눈다.

5. 마지막으로 기사 제목을 바꿔보고, 각자 이유를 설명한다.

　신문 하브루타는 아이와 함께 해야 한다. 아이만 시키고 부모는 하지 않으면 공부로 인식해서 하기 싫어 한다. 부모도 고민하면서 함께 해야 아이의 참여를 이끌어낼 수 있다. 아이가 어리면 기사 제목만 읽거나 신문에 나오는 사진을 보며 대화해도 그 효과는 충분하다.

3. 영상 활용 하브루타

우리 아이들은 영상 세대다. 어릴 때부터 스마트폰을 끼고 살면서 수많은 영상을 보고 있다. 궁금한 것이 있으면 네이버로 검색하지 않고 유튜브로 검색한다. 영상으로 궁금증을 해결하고 지식을 습득한다. 텍스트보다 영상이 친숙하다. 그래서 나는 가끔 영상을 활용해 하브루타를 한다. 영상을 보면 아이들의 몰입도가 높아져서 하브루타가 더 활기차게 진행된다. 영화, 드라마, 다큐멘터리, TED, EBS 지식채널, 세바시(세상을 바꾸는 15분) 등 어떤 영상도 하브루타에 적용 가능하다.

극장에 가서 영화를 함께 보는 것도 좋아했지만, 코로나19 이후로는 '안방극장'을 활용한다. 재미와 감동을 주는 영화도 시간이 지나면 금방 잊어버리게 되지만, 아이들과 함께 이야기를 나누면 그 여운이 오래간다. 지난주에는 아이들과 영화 〈쇼생크 탈출〉을 봤다. 그리고 식사를 하면서 영화에 대한 질문을 주고받으며 얘기를 나눴다.

- 감옥에 있으면 어떤 기분일까?
- 주인공이 탈출한 이유는 무엇인가?
- 탈출은 불법인데 잘한 일인가?
- 내가 주인공이었다면 어떻게 했을 것인가?
- 인간에게 자유란 무엇인가?
- 악법도 법인가?

〈쇼생크 탈출〉은 영화 자체로도 큰 감동을 주지만, 아이들과 질문으로 대화를 나누다 보니 인문학 시간이 되었다. 대화는 깊었고 의미는 커졌다. 마지막에는 '어떻게 살 것인가?'로 연결되었다. 이렇게 장편 영화도 좋고, 5분 안팎의 짧은 유튜브 영상도 좋으니, 집에서 영상을 보고 아이들과 하브루타 대화를 시작해 보면 어떨까? 영상은 가벼울지라도 생각은 깊어진다.

영상 하브루타 방법

1. 영상을 보고 각자 질문을 3개 쓴다.

2. 자기가 만든 질문을 하나씩 말하고, 질문에 대한 답을 주고받으며 대화를 한다.

3. 각자 한 줄 감상평을 말하고, 이유를 설명하면서 마무리한다.

4. 책 활용 하브루타

책을 활용하는 하브루타는 가장 고전적인 방법이다. AI 시대가 되었다 해도 책은 여전히 자기만의 매력을 뽐내고 있다. 책을 읽고 책장을 넘기며 느끼는 감성은 영상을 보는 것과는 차원이 다르기 때문이다. 영상 시대에도 책이 살아남을 수밖에 없는 이유다. 나는 대학에서 '명저 하브루타'라는 과목을 만들어 강의를 하고 있다. 말 그대로 명저를 읽고 하브루타를 하는 것이다.

처음에 학생들은 교재로 삼는 책의 두께를 보고 놀랐고, 매주 한 챕터(20~30쪽)씩 읽고 수업 전에 질문 10개를 준비해 와야 한다니 더욱 놀랐다. 그런데 다음 수업 시간에는 내가 더 놀라고 말았다. 모든 학생들이 책을 읽고 질문을 10개씩 뽑아왔기 때문이다. 수업 정원이 30명이기에, 매주 수업 시간마다 질문이 300개씩 모였다. 300개의 질문으로 3시간 동안 학생들과 치열하게 하브루타 대화를 했다. 대학교는 학기가 끝나면 학생들이 무기명으로 강의 평가를 하는데, 학생들이 의미심장한 강의 평가를 남겼다.

"처음에는 책을 읽고 질문을 만드는 게 굉장히 어려웠어요. 질문을 만들어야 하니까 엄청 집중해서 읽었는데, 이렇게 집중해서 책을 읽은 건 처음입니다."

"저는 원래 책을 읽어도 이해가 잘 안 되고 금방 까먹었어요. 그런데 질문으로 친구들과 하브루타를 하니까 신기하게도 책의 내용이 쏙쏙 들어왔어요."

"이렇게 힘든 수업은 처음이었습니다. 잘 모르는 사람과는 말도 하기 싫어하는데, 하브루타를 하면서 내 생각을 표현하고 대화하는 방법을 배웠습니다. 최고의 경험이었습니다."

집에서는 주로 동화책을 읽고 아이들과 하브루타를 한다. 집에서 하브루타를 하려면 짧은 시간에 읽을 수 있는 동화책이 좋다. 사전 준비 시간이 오래 걸리면 부모도 아이도 지쳐버려 지속하기 어렵다. 동화는 아이들 눈높이에 맞춰 쓴 책이어서 쉽게 읽을 수 있고, 짧은 글 속에 기승전결의 스토리와 교훈이 있어 이야기할 거리가 풍부하다. 어릴 때 읽던 동화책을 어른이 되어 다시 읽어 보니 동화라는 게 아이보다 어른에게 더 필요한 책이라는 생각까지 들었다. 다른 책으로도 얼마든지 가능하지만, 아이와 하는 하브루타에는 동화책을 추천한다. 가족들이 모여서 동화책을 함께 읽고 대화를 나누는 풍경이야말로 세상에서 가장 행복한 동화가 아닐까?

동화책 활용 하브루타 방법

1. 동화책을 아이와 나눠서 읽는다.
- 문단별로 나눠 읽거나, 읽다가 틀리면 다음 사람으로 넘어가는 게 임식으로 하는 게 좋다.

2. 다 읽고 나서 떠오르는 핵심 키워드를 3개씩 쓰고, 선택 이유를 설명하며 대화를 나눈다.

3. 각자 질문을 3개씩 쓴다.
- 등장인물, 사건, 등장인물의 행동과 선택, 미래 예측, 연상되는 질문 등

4. 질문을 하나씩 말하고, 질문에 대한 생각을 대화로 나눈다.

5. 동화에 대해 각자 한 줄 감상평을 말하고 그 이유를 설명한다.

부모도 아이도 행복해지는 K-하브루타의 힘!

K-하브루타를 시작한 지 5년이 흘렀다. 5년간 우리 가족에게는 어떤 변화가 있었을까?

10살이던 지유, 영어 학원이 다니기 싫어 공책에 온통 비관적인 단어만 잔뜩 써놓아 우리 부부를 우울하게 만들었던 첫째 아이는 이제 학원에 다니지 않고 스스로 자기주도학습을 한다. 대놓고 아빠를 싫어했던 아이가 퇴근하면 꼭 안아주고 등을 두드려주기도 한다.

둘째 찬유도 벌써 초등학교 5학년이 되었다. 제법 키가 커서 뒷모습만 보면 찬유가 맞나 싶다. 맞벌이를 하는 우리 부부가 늦으면 찬유에게 전화가 온다.

"내가 밥 해놓을까?"

그 말을 들으면 행복이 가슴에 차오른다. 찬유는 우리가 하브루타 했던 이야기가 책으로 나온다니까 신박한 책 제목을 여럿 지어주기도 했다.

K-하브루타는 이제 우리 가족의 일상이 되었다. 맞벌이 부부다 보니 평일에는 하브루타를 하기가 쉽지 않다. 그래서 주말마다 아침에 1시간씩 하브루타를 한다. 책에 소개했듯이 지혜톡톡, 신문 등을 이용해 대화와 토론을 한다. 5년 동안 딱 3번 빠졌으니 우리 가족의 문화로 완전히 자리 잡았다. 어려워 보일 수도 있지만 이처럼 쉬운 것도 없다. 아이를 위해 일주일에 1시간씩만 부모가 시간을 내면 된다. 이 책과 지혜톡톡만 있으면 1시간 이상 거뜬하게 아이들과 대화와 토론이 가능하다.

지유는 매일 스스로 하나의 주제를 선택해 A4용지 한 장 분량의 글을 쓰는데, 기발하고 신선한 글이 많다. 찬유는 매일 하나의 단어를 정하고 질문 20개를 적는다.

퇴근해서 찬유에게 뭐하냐고 물어보면 가장 많이 듣는 대답이 "생각하고 있어!"이다. 그렇다! 아이들은 끊임없이 읽고, 생각하고, 쓰고, 말하고 있다. 일론 머스크가 다섯 자녀를 위해 만든 애드 아스트라, 실리콘밸리의 사립학교, 구글과 NASA가 투자한 싱귤래리티대학교, 하버드보다 인기가 많다는 미네르바 스쿨에서 하는 교육과 똑같다. 그 교육법을 트리비움(Trivium)이라고 한다. 트리비움은 세 가지 교육 방법을 말한다. 첫째는 문법학으로, 책을 읽고 이해하는 것이다. 둘째는 논리학으로, 읽고 생각해서 나만의 논리를 만드는 것이다. 셋째는 수사학으로, 나의 생각을 쓰고 말하는 것이다. 이 책에 소개된 K-하브루타와 트리비움은 일치한다. 이런 교육이 아이들에게 중요한 것은 AI 시대가 오고 있기 때문이다.

이를테면 자율주행차를 운전하는 AI의 딜레마는 '운전자를 먼저 보호할 것인가, 보행자를 먼저 보호할 것인가?'이다. AI를 설계하고 AI에게 지시를 내리는 것은 결국 사람이다. 자율주행차를 만드는 '테슬라'와 AI를 만드는 '오픈AI'를 소유하고 있는 일론 머스크가 자녀들에게 트리비움을 가르치는 이유다.

여기는 한국이고, 그런 교육기관도 존재하지 않지만, 우리에겐 이제 K-하브루타와 지혜톡톡 앱이 있다. 일주일에 1시간만 부모와 아이가 집에서 하면 된다. 그 시간이 축적되면 아이들은 변한다. 3년 전부터 전국을 다니며 K-하브루타(한국형 밥상머리교육)를 퍼뜨리고 있다. 나의 강의를 듣고 K-하브루타를 실천한 사람들이 가끔 메일과 전화로 가족과 아이의 변화를 들려준다.

"우리 집은 아이가 셋입니다. 어느 날 지혜톡톡을 알게 되었는데 이걸 내가 할 수 있을까 자신이 없었어요. 주말부부를 하다 보니 아이들과 그렇게 친하지 못해서요. 일요일 날 저녁을 먹고 지혜톡톡을 해봤습니다. 의외로 아이들이 재미있다고, 계속하자고 졸랐어요. 첫날에 지혜톡톡으로 질문하고 대화하면서 1시간 30분을 훌쩍 넘겨버렸습니다. 그날 정말 뿌듯했어요. 벌써 다음 주말이 기다려집니다."

"아이가 뭘 좋아하는지 몰랐어요. 물어봐도 자기도 잘 모른다고 대답했죠. 지혜톡톡으로 이야기를 나누면서 아이가 '수의사'를 하고 싶어 한다는 걸 알았어요. 알고 보니 아파트 단지를 떠도는 고양이들에게 밥을 주고 있었더라고요. 고양이들이 자기만 보면 아주 좋아한대요. 그전에는 그런 이야기를 전혀 하지 않았거든요. 요즘 지혜톡톡으로 아이와 대화가 많이 늘었어요. 그러면서 아이의 표정이 밝아졌고, 말투도 부드러워졌습니다."

학교에 가면 주입식 교육을 받고 친구와 경쟁을 하는 아이들! 학원 가면 또 주입식 교육을 받고 문제풀이를 밤늦게까지 무한 반복하는 아이들! 그러나 정작 자신의 문제는 풀지 못하는 아이들!

나는 이 땅에 사는 우리 아이들이 정말 가엾다. 오늘도 한 아이는 스스로 목숨을 끊고 천국으로 떠났다. 정글 같은 한국 사회에서 부모가 무엇을 해줄 수 있을까?

그 질문에 스스로 답을 찾기 위해, 우리 아이들의 숨통을 틔워주기 위해 몇 년을 고민하며 실천하며 만든 것이 'K-하브루타'이다. 부모가 학교와 학원은 바꿀 수 없어도, 가정은 바꿀 수 있다. 우리는 모두 가정의 CEO이기 때문이다. 마지막 질문을 던지며 끝을 맺는다.

당신은 아이의 행복을 위해 무엇을 하고 있습니까?

창의력부터 사고력까지
아이의 공부머리가 바뀌는

K-하브루타

초판 1쇄 발행 2020년 11월 3일
초판 3쇄 발행 2020년 11월 5일

지은이 김정진
펴낸이 김상현, 최세현 **경영고문** 박시형

편집인 박숙정
마케팅 양봉호, 양근모, 권금숙, 임지윤, 조히라, 유미정 **디지털콘텐츠** 김명래
경영지원 김현우, 문경국 **해외기획** 우정민, 배혜림 **국내기획** 박현조

펴낸곳 쌤앤파커스 **출판신고** 2006년 9월 25일 제406-2006-000210호
주소 서울시 마포구 월드컵북로 396 누리꿈스퀘어 비즈니스타워 18층
전화 02-6712-9800 **팩스** 02-6712-9800 **이메일** info@smpk.kr

ⓒ 김정진 (저작권자와 맺은 특약에 따라 검인을 생략합니다)

ISBN 979-11-6534-251-7 (03370)

쌤앤파커스(Sam&Parkers)는 독자 여러분의 책에 관한 아이디어와 원고 투고를 설레는 마음으로
기다리고 있습니다. 책으로 엮기를 원하는 아이디어가 있으신 분은 이메일 book@smpk.kr로 간단한
개요와 취지, 연락처 등을 보내주세요. 머뭇거리지 말고 문을 두드리세요. 길이 열립니다.